Heinrich Kemner · Was wird nach dem Tode sein?

Heinrich Kemner

Was wird nach dem Tode sein?

Vom Leben nach dem Sterben

R. BROCKHAUS VERLAG WUPPERTAL

Bücher, die dieses Zeichen tragen, wollen die Botschaft von Jesus Christus in unserer Zeit glaubhaft bezeugen.

ABCteam-Bücher erscheinen in folgenden Verlagen:
Aussaat- und Schriftenmissions-Verlag Neukirchen-Vluyn
R. Brockhaus Verlag Wuppertal / Brunnen Verlag Gießen
Christliches Verlagshaus Stuttgart / Oncken Verlag Wuppertal und Kassel

2. Auflage 1987

© 1986 R. Brockhaus Verlag Wuppertal
Umschlaggestaltung: Carsten Buschke, Leichlingen 2
Gesamtherstellung: Breklumer Druckerei Manfred Siegel KG
ISBN 3-417-12370-4

INHALT

I. Die Todesfrage

»Glaubst du wohl, daß diese Gebeine wieder lebendig werden?« Diese Frage legte Gott dem Propheten Hesekiel vor, während er ihn über ein Feld voller Skelette führte.

Die Antwort des Propheten lautete: »Herr, mein Gott, du weißt es wohl« (Hes. 37,1–3).

Das ist prophetischer Geist: Wo der Prophet keine Antwort hat und Gott ihm keine Antwort gibt, sagt er ganz ruhig: »Ich weiß es nicht – aber du, Herr . . .«

Wir werden in diesem Buch immer wieder vor Fragen stehen, auf die wir keine Antwort haben. Dann werden wir das eingestehen und dabei wissen: Gott selbst hat die Antwort. Er erwartet von uns, daß wir das, was er uns in Seinem Wort sagt, voll ausschöpfen, und es ist ja gerade Sein Wort, das uns auffordert, auch im Dunkel unbeantworteter Fragen Ihm, unserem Vater, voll zu vertrauen.

Weil nun der Tod das Gewisseste in unserm Leben ist, bedrängen uns die Fragen nach allem, was Sterben, Tod und ewiges Leben betrifft, so sehr. Wer hier ausweicht, lebt auf der Flucht vor dem Unausweichlichen und betrügt sich selbst. Freilich, weil der Tod ein allgemein-menschliches Schicksal ist, gibt es auch eine gewisse Gewöhnung an dieses jede menschliche Existenz nur einmal und dann unwiderruflich total verändernde Ereignis.

Begegnungen mit dem Tod

In meiner westfälischen Heimat war es Sitte, daß man, wenn in der Nachbarschaft jemand gestorben war, einen Eimer mit Milch in das Trauerhaus brachte. Sie war zum Backen des Zwiebacks für den »Leichenschmaus« bestimmt. Meine Mutter hat mich oft damit zu den Nachbarn geschickt. Dann mußte der kleine Junge immer am offenen Sarg vorbei, denn zur Küche ging's über die große Diele, wo der Tote aufgebahrt war. Das bleiche Totengesicht hatte eine ungeheure Anziehungskraft. So sehr es mich auch immer in Schrecken versetzte, so daß mir der Geschmack an den Leckereien, die mir die Frauen in der Küche anboten, verging – ich konnte doch nie am Sarg

9

vorbeigehen, ohne hineinzusehen; dabei bemächtigte sich meiner immer ein eigenartiges Gefühl: Ich empfand den Toten im Sarg als eine Art Gestellungsbefehl, dem ich bald nicht mehr ausweichen konnte; er war mir bald zur eigenen Lebensfrage geworden.

Nicht anders erging es mir im Krieg. Ich mußte beim Sezieren der Leiche eines Kameraden das Protokoll führen. Was ist der Mensch! dachte ich. Kann man mit dem Tode leben?

Ein einziges Mal erlebte ich es, daß ich über eine Bauerndiele ging und lange Zeit mit meinem Eimer Milch in der Hand vor dem Toten stehenblieb. So ernst und erstarrt das Gesicht des Toten auch war – es strahlte eine solche Geborgenheit und Lebenswirklichkeit aus, daß ich in diesem Haus das Essen annehmen konnte. Von diesem Toten sagte man: »Dieser war auch mit dem Jesus von Nazareth.«

Meine Frau und ich erlebten etwas Ähnliches, als wir während einer Amerikareise die sterbende Corrie ten Boom in Los Angeles besuchten. Diese Minuten an ihrem Sterbebett wogen die ganze Anstrengung der Amerikareise auf. Wer nicht an Engel Gottes glaubte, konnte sie hier erleben. Als Corrie mir ihre sterbende Hand reichte und um den Segen bat, sah ich in ein verklärtes Gesicht, das deutlicher, als jedes menschliche Wort es beschreiben könnte, auf die Wirklichkeit des erhöhten Herrn hinwies.

Tod gegen Leben

Göttlicher Ratschluß allein bestimmt das Ende aller Dinge und auch den Ausgang eines Menschenlebens. Wer das weiß und anerkennt, daß Gott in allem Geschehen handelt, der lebt frei von Furcht. Frei ist man nur, wenn man Gott Gott sein läßt, sagt Martin Luther (de servo abitrio) und meint damit: Gott, der Schöpfer, hat mit seiner Welt und mit jedem Leben in dieser Welt einen Plan, den er auch durchführt, und zwar gegen alle menschlichen Vorstellungen und gegen alle dämonischen Widerstände.

Es gehört zur Tragik der Schöpfungsordnung, daß sie durch den Menschen dem Fallgesetz der Sünde unterworfen wurde und erst in der Erlösungsordnung zu ihrer Vollendung finden wird. Der Tod in seiner dreifachen Form ist nach der Bibel der Sünde Sold (Röm. 6,23); mit seinem Leben, diesem Kostbarsten, das er geben kann, zahlt der Mensch für das, was unbezahlbar ist: den Verlust der Gemeinschaft mit Gott, der Quelle des Lebens, von der er nun abgeschnitten ist.

Die Sünde wider den Willen Gottes war Geschichtsereignis geworden. Sie konnte nur durch ein ebenso umfassendes Geschichtsereignis überwunden werden. So kam es zur Menschwerdung Jesu Christi und seiner Erlösungstat am Kreuz, das historische Datum der Erlösung, durch die der Mensch in die gottgewollte Ordnung wieder zurückgeführt werden soll.

Nach dem Sündenfall wollte Gott die Welt nicht durch einen Gewaltakt wieder in ein Paradies verwandeln, sondern sein Plan ging dahin, die Erlösung des Menschen unter Wahrung von dessen sittlicher Freiheit zu erwirken: Frei war er geschaffen, dem Gebot seines Schöpfers zu folgen oder auch nicht – und der Mensch nutzte die Freiheit. So sollte er nun auch frei sein, das Angebot der Erlösung anzunehmen. Ob der Mensch in dieser geschenkten Freiheit sich recht begreift, das entscheidet sein zeitliches und ewiges Schicksal (Jes. 61,1; 2. Kor. 3,17; Gal. 5,1).

Der biologische Tod lag mit dem geistlichen und ewigen Tod im gleichen Gefälle – Folgen der Sünde.

Geistliches und ewiges Leben – Folgen der Erlösung.

Wo finden wir Antwort?

Für die Beantwortung der Frage nach dem Fortleben des Menschen nach dem Tode ist nun wenig gewonnen, wenn wir uns außerbiblischen Quellen zuwenden: Auskunft über das Fortleben nach dem Tode kann uns im Grunde nur der geben, der »dem Tode die Macht genommen und das Leben und ein unvergängliches Wesen ans Licht gebracht hat durch das Evangelium« (2. Tim. 1,10). Die Kirchen- und Dogmengeschichte beweist, daß sich überall dort, wo man Hoffnung und Gewißheit über die Zukunft der Gemeinde Jesu und des einzelnen Gläubigen aus letztlich unkontrollierbaren außerbiblischen Quellen suchte, eine geistliche Lähmung über Leben und Wirken legte.

In der Welt der Mythen und Träume wird das Leben nach dem Tode zum Wunschtraum eigener Selbsterfassung. »Wie der Mensch ist, so ist sein Gott, drum wird auch Gott sooft zum Spott«. Das ist dann der Fall, wenn sich der Mensch zum Maßstab aller Dinge setzt. Ganz anders der Gott der Bibel. Karl Barth war es, der immer wieder betonte, wie die Bibel Gott als den »ganz anderen« beschreibt – wie Gott selbst sich als den »ganz anderen« vorstellt. Die natürliche menschliche Religiosität versteht menschliches Fortleben nach dem Tode im Sinne natürlicher Zukunftserwartung. Hier ist es ganz gleich, ob man sich als Indianer das Weiterleben als Lebenserfüllung in den ewigen Jagdgründen denkt, oder ob man wie Hitler bei der Beerdigung von Hindenburg dem Verblichenen nachruft: »Toter Held, gehe ein in Wallhall!«

Wer kann uns nun zur Gewißheit führen, ob und wie der Mensch nach seinem Tode noch als Persönlichkeit weiterlebt? Sucht man solche Auskünfte in der Literatur über Geistererscheinungen, Mirakel, Mystischen Schlaf usw., so gerät man schnell auf ähnliche Irrwege, wie wir es vom Kirchenvater Tertullian wissen, der bei Prophetinnen Aufklärung suchte, die in Ekstase aussagten. Auch Gregor der Große stützt seine Fegefeuerlehre mehr auf die Aussagen wiedererschienener Geister als auf die Heilige Schrift.

»Herr, dein Wort ist meines Fußes Leuchte und ein Licht auf meinem Wege«; nur dieses Licht soll uns bei unseren Nachforschungen leiten (Psalm 119,105).

Die » Wissenschaft vom Tode«

Die Wand zwischen dem Dämonischen und Heiligen ist hauchdünn. In dieser endzeitlichen Situation der Kirche gehört es zur seelsorgerlichen Verantwortung, am Worte Gottes genau zu überprüfen, ob charismatische Bewegtheiten, Träume und Gesichte den Stempel der Echtheit, also des Heiligen Geistes, tragen oder als Banngut der Hölle in die Gemeinde eingeschmuggelt werden. Nur das in Christus sterbende Leben erweckt zum ewigen Leben. Nur wer sein Leben verliert, wird das ewige finden. Ohne diesen gelebten Widerspruch gibt es kein normales Christentum.

Ein Gebiet, dem neuerdings starke Beachtung zukommt, ist das, was man die »Wissenschaft vom Tode« nennt. Es handelt sich dabei um die psychologischen und physiologischen Beobachtungen des

Schlafwachens und der Grenzphasen des Todes. Es hat sich hier besonders in Amerika eine eigenständige Forschung entwickelt; ihre Ergebnisse, wie sie etwa von Dr. Raimund Moody in seinem Buch »Leben nach dem Tode« und von anderen angeboten werden, darf man als wissenschaftlich einwandfrei bezeichnen. Aber was können wir für die christliche Existenz daraus ableiten? Überhaupt erst für das Leben danach?

Zu bedenken ist hier, daß alle Erkenntnisse über Zustände und Ereignisse, die jenseits von Raum und Zeit liegen, für uns nur bedingte Wirklichkeitsdeutung zulassen. Anders ausgedrückt: Man kann nicht ohne weiteres, weder im Wort noch im Bild, die jenseitige Welt schlüssig »in den Griff« bekommen, weil unsere Hand notwendigerweise ins Leere »greift«. Was für uns begreifbar ist, liegt im Bereich menschlicher Erfahrung. Sie hat ein zeitliches Nacheinander in Vergangenheit, Gegenwart und Zukunft. Diese Erfahrung ist jenseits der Todesgrenze jedoch ausgeklammert.

Wenn das Unsagbare gesagt werden soll

Paulus bezeugt im zweiten Korintherbrief, daß er selber bis in das Paradies entrückt war. Er erklärt, daß er dort unaussprechliche Worte gehört habe und daß er offenbar nicht imstande gewesen sei, das dort Erfahrene in unsere Wirklichkeit zu übersetzen (2. Kor. 12,2ff.)

Dieses Erlebnis und seine Beschreibung beweist nicht nur die Echtheit der Entrückung selbst, sondern auch die bekannte These der alten Kirche: »Das Endliche ist wohl fähig, das Unendliche aufzunehmen, aber nicht fähig, es auszuschöpfen« – das heißt, Gott bedient sich unserer Sprache, um aus dem Unendlichen Seiner Welt alles das in begreifbare Portionen herauszufiltern, was für uns so außerordentlich wichtig ist. So gibt es einen Weg der Annäherung, und es ist offenbar Gottes Wille, uns über bestimmte Dinge des jenseitigen Daseins Auskunft zu geben. Und da solche Auskünfte unserem begrenzten Verstehenshorizont weiter angepaßt werden müssen, bedient er sich verschiedener Aussageformen.

Der Deutung der jenseitigen anderen Welt kommt das gleichnishafte Bild in seiner Anschaulichkeit näher als der abstrakte Gedanke.

Jesus hat uns das Geheimnis des Himmelreichs nicht in philosophischen und theologischen Reden, sondern in Gleichnissen nahegebracht, und Kierkegaard hat recht, wenn er sagt, daß Jesus als Philosophieprofessor zu uns hätte kommen müssen, wenn der abstrakte Gedanke der Weisheit letzter Schluß wäre.

Wer also biblische Gleichnisse und Wunder entmythologisiert und sie damit dem natürlichen Denken anpaßt und so das Paradox des Glaubens umgeht, der umgeht auch die Möglichkeit ihrer Entschlüsselung, die allein in der glaubenden Anerkennung der Person Jesu geschenkt wird. Die Einfalt des Glaubens versteht im Bilde mehr als der abstrakte Gedanke, wenn dieser ohne Anschauung ist. Die prophetischen Visionen und die Apokalypse benutzen deshalb zur Deutung das Bild. Weil das Wort den Inhalt der Aussage nicht faßt, malt es Bilder, deren verschiedene Inhalte den Fakten ein und derselben ewigkeitlichen Wirklichkeit näherkommen. Anders ausgedrückt: Wer sich das neue Jerusalem als eine Stadt mit goldenen Gassen, mit Perlentoren und einem Strom des Lebens vorstellt, der weiß mehr von der jenseitigen Wirklichkeit als der gelehrte Professor, der das alles nur als Beschwichtigung und Ausdauerhilfe für bedrängte Christen versteht. Der Professor weiß zwar, »was kein Auge gesehen und kein Ohr gehört hat, das hat Gott bereitet denen, die ihn lieben«. Aber ihm fehlt die anschauliche Vorstellung, die die Alten haben, wenn sie singen:

> »Wie wird's sein, wenn ich zieh in Salem ein,
> in die Stadt der goldnen Gassen,
> Herr, mein Gott, ich kann's nicht fassen,
> was das wird für Freude sein!«

Was ist das für ein Tod, den der Mensch stirbt?

Nach der leiblichen Seite hin ist der Vorgang des biologischen Todes, wie wir ihn mit unseren Sinnen wahrnehmen und erleben können, bei Pflanzen, Tieren und Menschen weitgehend gleich. Was den Menschen aus der Gemeinsamkeit aller Kreatur heraushebt, ist das, was ihn zum Menschen macht: seine »lebendige Seele« und der

Geist. Er versteht sich deshalb unveräußerlich als sittliche Persönlichkeit. In Psalm 90,5 und 6 vergleicht die Bibel den Menschen mit einer verwelkenden und verdorrenden Pflanze und redet in den Klageliedern (2,12) vom Aushauchen der Seele wie beim Tier. Aber wir dürfen nicht vergessen – und das tut die Bibel nie –, daß nach dem Schöpfungsbericht Gott allein dem Menschen seinen Odem einblies und daß eben dadurch der Mensch eine »lebendige Seele« wurde. Die Seele ist also das Leihgut Gottes, das nach seinem Willen anvertraute und unverlierbare Pfand. Wie ein Stück Eisen zu seinem Magnet, so muß die Seele des Menschen im Tode zurückkehren zu ihrem Ursprung, ihrem Schöpfer. Die Frage lautet dann: »Was hast du mit dem Gut, das dir anvertraut wurde, gemacht?« Die Ewigkeit sucht nicht nach Lohn, sondern nach Frucht. Haben wir mit dem anvertrauten Gut gewuchert, oder haben wir es vergraben und schon in diesem irdischen Leben seelenlos, also als Tote gelebt?

Während meiner Zeit als Oberinspektor auf einem pommerschen Gut hatte ich einen gläubigen Freund. Er besuchte eines Tages einen der reichsten Gutsbesitzer Vorpommerns, der achtzigtausend Morgen besaß. Dieser führte den Freund auf den Balkon eines seiner Schlösser und sagte:

»Sie können jetzt nach jeder Richtung schauen – so weit sie sehen können, das alles gehört mir.«

Mein Freund schwieg einen Augenblick, dann erwiderte er:

»Sie sind im Irrtum. Das gehört Ihnen nicht, das verwalten Sie nur. Und wem viel gegeben ist, von dem wird man morgen viel fordern. Was Ihnen gehört, das sind sechs Bretter und ein Sterbekleid. Aber darf ich Ihnen sagen, was mir gehört? Hinter den vielen Sternenhimmeln, die die Naturwissenschaft bis heute entdeckt hat, da gibt es einen Raum bei Gott, und der gehört mir. ›Sind wir aber Kinder‹«, zitierte er aus dem achten Kapitel des Römerbriefes, »›so sind wir auch Erben; nämlich Gottes Erben und Miterben Christi, wenn wir denn mit ihm leiden, damit wir auch mit ihm zur Herrlichkeit erhoben werden‹.«

Wer nicht aus der lebendigen Beziehung zu Gott und damit zur Ewigkeit lebt, der lebt an der Wirklichkeit und an der Erfüllung seines Lebens vorbei.

Wann tritt der Tod ein?

Die Bibel beschreibt den Tod des Menschen im Unterschied zu dem des Tiers als ein Scheiden der Seele vom Leib (1. Mose 35,18; 2. Kor. 5). Wir müssen dabei bedenken, daß, auch wenn die Bibel von der Dreiteilung Leib, Seele und Geist spricht, sie doch bezeugt, daß Seele und Geist unzertrennlich im Tode verbunden bleiben: Die Entschlafenen heißen in der Bibel ebenso Seele wie Geist (Offb. 6,9; 20,4; 1. Petr. 3,19; Hebr. 12,23). Von dem Sterbenden wird gesagt, daß seine Seele ausfährt (1. Mose 35,18) und daß sein Geist ausfährt. Es wird sowohl gesagt, daß der Mensch im Sterben seinen Geist hingibt (Joh. 19,30; Matth. 27,50), als auch, daß er seine Seele hingibt (Apg. 15,26). Diese Hingabe des Geistes oder der Seele erfolgt nicht unbedingt mit dem letzten Atemzug, sondern mit dem klinischen Tod.

Es sei hier noch auf eine moderne wissenschaftliche Erklärung des biologischen Todes, wie wir sie bei R. Moody finden, eingegangen. Der Erdentod ist nach dieser Erklärung das Zurückfallen – oder Abfallen – des grobstofflichen Körpers von der feinstofflichen Hülle des Geistes, also die Trennung. Sie verläuft nach dieser Theorie nach den feststehenden Gesetzen über die Beziehung zwischen zwei Arten, die sich nur bei einem genau entsprechenden Wärmegrad durch die dabei erzeugte Ausstrahlung aneinander schließen, nie aber verschmelzen können. Sie fallen voneinander ab, wenn eine der beiden Arten die ihr gegebene Bedingung nicht mehr erfüllen kann. (s. Dr. Steinbach, »Wieso wir nach dem Tod leben . . .«)

Nach dieser Hypothese müssen Seele und Körper ihr Teil zu dieser Strahlungsverbindung beitragen. Seele und Körper sind danach nicht osmotisch verbunden, also verschmolzen, sondern ineinander geschoben, wie bei einem ausziehbaren Fernrohr. Man verweist bei dieser These auf den Schlaf, den man ja auch als kleinen Bruder des Todes bezeichnet. Warum? Die Erforschung des Schlafes, die seit zwei Jahrzehnten intensiv betrieben wird, beweist, daß sich in unserem Gehirn ständig mikroelektrische Vorgänge abspielen. Sie sind als Gehirnstrom im Elektroencephalogramm meßbar. Dieser Gehirnstrom weist im Wachzustand bis zu 30 Schwingungen pro Sekunde auf. Bei Schlafenden sinkt er bis zu einer halben Schwingung pro Sekunde ab. Zugleich vermindert sich auch der Herzschlag, die

Atmung, der Blutdruck und die Körpertemperatur. Der Körperhaushalt läuft auf Sparflamme.

Die verminderte Körperstrahlung im Schlaf ermöglicht – nach Moody u.a. – die Lockerung der Seele. Oft sind damit Eindrücke des Fallens oder Zuckungen im Tiefschlaf verbunden. Erfolgt ein Traum, ist damit auch eine unterbewußte Augenbewegung verbunden.

Wann tritt nun nach Meinung der Wissenschaft der Tod ein? Man ist heute der Auffassung, daß der Gehirntod das entscheidende Merkmal ist. Darunter versteht man den Stillstand des Gehirnstroms. Das steht in Übereinstimmung mit dem, was die Schlafforschung festgestellt hat, wäre aber auch übertragbar auf das durch die Strahlung bewirkte Sich-Aneinanderschließen von Körper und Seele. Von hieraus versucht man nun zu einer Erklärung zu kommen, wie es möglich ist, daß klinisch Tote wieder zum Leben erwachen können. Man erklärt sich die Rückführung der Seele in den Körper nun so: Mit dem Aufhören der Körperstrahlung wird die Verbindung von Seele und Leib gelöst. Wie ein Ballon vom Halteseil wird die Seele frei. Die Loslösung kann viele Tage dauern. Bei erlebter »Rückkehr der Seele« in den Körper war *keiner der Beteiligten jedoch klinisch so tot,* daß der Verbindungsstrang zum biologischen Leben völlig »gekappt« gewesen wäre. Daraus erklärt sich Moody, daß die Aussagen derer, die länger »aus dem Leibe« waren, nachhaltiger und vollständiger sind.

Auch aus den Berichten der Bibel über die Totenerweckungen durch Jesus will man nun die soeben beschriebene Entfernung der Seele vom Körper, nicht aber ihre Trennung, erkennen. Bei der Tochter des Jairus, die eben abgeschieden war, sagt Jesus nach Lukas 8,54 einfach: »Kind, steh auf!« Beim Jüngling zu Nain, der zu Grabe getragen wurde, sagt Jesus: »Jüngling, ich sage dir, steh auf!« (Luk. 7,14). Bei Lazarus, der schon vier Tage im Grabe lag, betet Jesus, bevor er laut ruft: »Lazarus, komm heraus!« (Joh. 11,42 – 43).

So versuchen Menschen rational an die Wunder der Totenauferweckungen durch Jesus heranzukommen. Ob die ersten beiden Auferweckungen durch solche Hypothesen erklärbarer werden, lassen wir dahingestellt sein. Dem Glauben genügt es zu wissen, daß in der Person Jesu als Gottes- und Mariensohn die schöpferische Möglichkeit liegt: »So er spricht, so geschieht es; so er gebeut, so steht es da.«

Die drei Gestalten des Todes

Eine Unsterblichkeit der Seele im eigentlichen Sinne, das heißt, ein Sein, welches seiner Natur nach ohne Anfang und Ende ist, kann nach der Bibel (1. Tim. 6,16) nur Gott zukommen. Dem in die Zeit hinein geschaffenen Menschen kann die ewigkeitliche Existenz der Seele nur zukommen, weil sie im Willen Gottes liegt. Gott will, so sagt der Kirchenvater Justin, daß die Seele lebt und der dem Leibe verliehene Odem unverlierbar bleibt. Dieser Wille Gottes gelte allen Menschen.

Nach der Bibel gibt es nun nicht nur einen leiblichen Tod, sondern auch einen geistlichen und seelischen Tod. Wie wir noch sehen werden, ist der geistliche Tod eine viel größere Gefahr und in seiner Folge verhängnisvoller als der leibliche Tod; denn der geistliche Tod hier auf der Erde wirkt sich am Ende in dem ewigen Tod aus. Viele Bibelstellen lassen keine andere Auslegung zu als die, daß wir den Begriff des ewigen Todes als ein Ausgeschlossenwerden von der Möglichkeit der Errettung zu verstehen haben (Röm. 6,21; 2. Kor. 2,16; 1. Joh. 3,14). Die Reduzierung des Menschen auf sich selbst, ohne zureichende Antwort auf seine Lebensfrage – das ist die Hölle.

Die Bibel kennt also den Tod sozusagen in allen drei Gestalten, und zwar auch so, daß der leibliche, der geistliche und der seelische Tod zusammenfallen. Auf welche Weise nun auch die Bibel vom Tod spricht – er ist in jedem Fall für alle, die den Ruf zum ewigen Leben in Christus gehört haben und die durch ihn beim Namen gerufen wurden, der Abschluß der Gnadenzeit – ob sie dem Ruf Folge leisteten oder nicht. Es gibt nach dem natürlichen Tod kein Zurück mehr, sondern nur noch eine Bewegung zur Vollendung hin. Und diese Vollendung geschieht in der von Gott verordneten Weise.

II. Der Zwischenzustand

1. Totaliter aliter – ganz anders!

Die Bibel berichtet von Orten, an denen die Abgeschiedenen sich bis zur Auferstehung befinden (Luk. 16,19ff.). Wir könnten das als Widerspruch verstehen, weil wir uns »Orte« nur als Räume vorstellen können. Wenn nun aber bezeugt wird, daß sich die Seelen der Gläubigen bei Gott im Himmel befinden, dann entschwindet uns der eigentliche Begriff des Raums unter den Händen.

Die Bleibestätten der Ewigkeit sind für unsere fünf Sinne also nicht vorstellbar. Es ist deshalb etwas Naives an der Meinung, wir könnten mit unseren Worten, die ja ein uns gemäßes begrenztes Bedeutungsfeld haben, mit gleichnishaften Bildern, die ja ebenfalls nur mit unseren begrenzten Begrifflichkeiten dargestellt werden können, diese andere Welt wirklich so beschreiben, wie sie ist. Jene Geschichte von den beiden Mönchen kann hier wohl mit drei Wörtern mehr sagen als eine ganze Studie zum Thema. Diese beiden Männer hatten jahrelang darüber gestritten, wie die Welt nach dem Tode wohl aussehen würde. Weil sie sich nicht einigen konnten, hatten sie vereinbart, daß der, welcher am ersten sterben würde, dem anderen in der Streitfrage Nachricht geben solle. Als der eine der Mönche starb, erschien er dem andern im Traum. Noch ganz mit ihrer Streitfrage befaßt, rief der zurückgebliebene dem anderen zu: »Wer hat nun recht gehabt?« Er bekam die Antwort: »Aliter taliter, totaliter aliter« – es ist weder so noch so, sondern ganz anders! Unsere Vorstellungen werden von der ewigkeitlichen Wirklichkeit gesprengt.

Wenn wir uns an diese Voraussetzung halten, daß wir mit unserem auf Zeit und Raum angelegten Wesen uns Zeitlosigkeit und Raumlosigkeit nicht vorstellen können, daß also alles ganz anders, weil unvorstellbar ist, so empfiehlt uns doch die Heilige Schrift, in ihr zu forschen, und sie überläßt uns dabei nicht unsern Dunkelheiten, sondern schenkt Licht und sagt uns nicht nur, wo die Toten sich befinden, sondern auch, wie sie sich befinden.

Ist nach dem Tod noch Buße möglich?

Nach katholischer Auffassung beginnt mit dem leiblichen Tod eine dieses neue Leben fortsetzende Gelegenheit der Abbüßung und Läuterung. Es gibt auch evangelische Dogmatiker, die sich diesem Gedanken anschließen und meinen, die Verstorbenen würden gleich nach dem Tode mit einer neuen Leiblichkeit versehen; es gebe dann eine neue Lebensentwicklung in einem Zwischenzustand, der noch unter Zeit und Raum stehe. Nach dieser Anschauung wäre sogar auch nach dem Tode noch Buße und Bekehrung möglich. Eine biblische Begründung für diese Annahme gibt es jedoch nirgendwo.

Diese Leute vergessen, daß bei Gott Zorn und Liebe »eines Lichtes Flammen« sind, wie Hermann Bezzel das so schön sagt. Das Kreuz Christi ist einmaliger und dauernder Ruf zur Bekehrung. Dieses Kreuz ist Maßstab für Gottes Liebe und Vergebungsbereitschaft – und für das dem Menschen angemessene Gericht: Tod. Gott ist so heilig, daß er seinen eingeborenen Sohn nicht schonte, als Jesus, der Christus, unsere Sünde und unsere Strafe auf sich nahm. Er ließ ihn, den einzig Geborenen (wir alle sind Geschaffene) an unserer Stelle sterben. So wurde der Weg frei: »allein durch den Glauben«. Wir wollen deshalb das Warnungssignal, das die Reformatoren und in diesem Jahrhundert besonders deutlich Bezzel aufstellt, beachten: »Die von einer Bekehrung nach dem Tode träumen, das sind alle die, die das Kreuz Christi als Vertrauensfrage nicht ernst nehmen. Ja, das sind alle die, die ihren Lebenstag im Weinberg Gottes nicht einsetzen wollen und ein unverbindliches Christentum suchen, das es nicht gibt« (Bezzel, Sendlinger Predigten).

Nicht vergessen dürfen wir, daß mit dem leiblichen Tod auch die Blutskette der Verwandtschaft für immer dahin ist:

> »Was wir in der Erde bergen
> ist der Erde Kleid;
> was wir lieben ist geblieben,
> bleibt in Ewigkeit.«

» Werden nur wenige selig?«

Das Ziel aller Wege Gottes mit seiner Gemeinde und Kirche ist die verklärte Leiblichkeit. Sie wird in biblischer Sicht erreicht mit der Auferstehung der Toten. Aber was geschieht nun, nachdem der Mensch gestorben ist? Als einer der Jünger Jesu fragte: »Werden wohl wenige selig?« antwortete Jesus: »Ringt darum, daß *ihr* durch die enge Pforte hineingeht; denn viele werden danach trachten, wie sie hineinkommen, und werden's nicht können« (Luk. 13,24).

Das ist eine wichtige Bemerkung, die wir über allem Nachdenken über das Leben nach dem Tode nicht vergessen dürfen. Es geht dabei nicht um theologische Bildung, sondern um die eigene Zubereitung für den großen, herrlichen Tag – und daß wir darum ringen, auf dem Weg der Nachfolge zu bleiben.

Das Dilemma von Raum und Zeit

Über dem nach dem Tode eingetretenen Zwischenzustand redet die Schrift immer als von einem Übergang oder als von einer zeitweiligen Unterbrechung. Ja, sie tröstet mit dem Warten auf den Tag Christi. So hofft etwa der Psalmist (Psalm 16,10), daß Gott seine Seele nicht im Wartezustand lassen werde. Auch Jesus weist seine Jünger zunächst auf den mit dem leiblichen Tod verbundenen Wartezustand nur als Übergang hin, indem er sie über denselben hinaus auf seine Wiederkunft und die damit verbundenen Dinge der Auferstehung und der Neuschöpfung der Welt hinweist (Matth. 16,27; 19,28; Joh. 14,3).

Nun ist für unsere Jenseitsschau dringend zu beachten, daß die Seelen, die sich nach dem Tode bis zur Auferstehung im Zwischenzustand befinden, auch mit Ort und Namen fixiert sind (Luk. 16,20ff.). Diese Namen gelten nur so lange, bis der Zwischenzustand bei der Wiederkunft Jesu und der Auferstehung aufgehoben wird (Offb. 2,17). Alles wartet auf diesen Tag der Vollendung. Die Schwierigkeit für uns liegt darin, daß wir wohl wissen: Die abgeschiedenen Seelen stehen nicht mehr unter dem Gesetz von Raum und Zeit; und sie doch zum eigenen Verständnis räumlich und zeitlich festlegen müssen, und bei alledem unsere Raum- und Zeitvorstellungen nicht zu Hilfe nehmen dürfen. Damit wird guter Rat teuer.

Wenn nun bezeugt wird, daß sich die gläubigen Seelen bei Gott im Himmel befinden, so entschwindet uns dabei der Begriff des Raumes völlig. So wenig, wie wir uns den Himmel Gottes als einen begrenzten Raum und bestimmten Ort im Sinne unserer irdischen Vorstellungen denken dürfen, so wenig denn auch den Raum bei Gott, in dem die Seligen wohnen. Für unser Verständnis bleibt nur übrig, daß die Seelen der Entschlafenen, obgleich sie raum- und zeitlos sind, eine Bleibestätte haben müssen. Das gleiche gilt ja auch für Gott, obwohl er Geist ist. Deshalb sollten wir auch mit eigenen Versuchen, uns den Himmel auszumalen, und mit anderer Leute Gesichten und Visionen über das Jenseits vorsichtig sein. Die Bibel, die ja zum Glück im Orient entstanden ist, verwendet Farbe genug, um uns Unaussprechbares vor Augen zu führen. Wollten wir noch unsere eigene Phantasie zu Hilfe nehmen, um Gottes Jenseits weiter auszumalen, würden wir nur bei uns selbst enden. Wir haben kein Wahrnehmungsorgan für die Ewigkeit als nur den Heiligen Geist – und ER verweist uns stets auf die Schrift.

Wenn nun die Schrift die verschiedenen Jenseits-Orte beschreibt, gibt sie nicht so sehr eine Standortbeschreibung, als viel mehr Auskunft über das Befinden derer, die sich dort aufhalten. Wenn also die Schrift vom »im Scheol-«, »im Himmel-«, »in der Gehenna-Sein« redet, sagt sie nicht allein über die Bleibestätte, sondern auch über die Seinsweise der Betreffenden aus. Weil das so ist, sind die Aussagen der Schrift über die Bleibeorte der Abgeschiedenen wichtig. In ihnen ist zusammengefaßt, was die Schrift uns überhaupt über den Zwischenzustand kundtun will.

Wo befinden sich die Toten, die im Glauben entschlafen sind?

Zuerst dürfte für uns Christen vor allem die Frage vorrangig sein, wo wir in diesem unserem gelebten Augenblick unsere im Glauben Entschlafenen zu suchen haben.

Wo suche ich meine Mutter, die als Letztes zu mir sagte: »Junge, jetzt geht's nach Haus!«?

Wo suche ich meinen Vater, dessen letztes Wort an mich war: »Du hast den schönsten, aber auch den schwersten Beruf; aber was du bist, sei ganz!«?

Nach dem Neuen Testament sind die in diesem Leben zum Glauben Gekommenen in einem Zustand unverrückbarer Seligkeit. Alle, die »im Herrn« entschlafen sind, dürfen wir in einer Geborgenheit wissen, die das Evangelium mit »Abrahams Schoß« bezeichnet (Luk. 17,19ff.). Jesus bezeichnet diesen Ort auch als Paradies (Luk. 23,43). Es ist das Wartezimmer Gottes vor der Himmelstür, vor der Ewigkeit des neuen Himmels und der neuen Erde.

Wie im Wartezimmer eines Arztes der Arzt im dauernden Kontakt mit den Patienten stehen sollte, die auf ihn warten, so müssen wir auch die Bezeichnung »Paradies« verstehen, die auch Paulus im Korintherbrief gebraucht (2. Kor. 12,4). Wenn er sagt, er sei ins Paradies entrückt gewesen, dann bewahrt er keusche Zurückhaltung, indem er weder räumliche noch zeitliche Erklärungen abgibt.

Wenn der Herr dem Schächer sagt: »Heute noch wirst du mit mir im Paradiese sein« (Luk. 23,43), dann will er damit ausdrücken, daß er sich nach seinem Tode im Zustand einer paradiesischen Geborgenheit wiederfinden wird und in beständigem Kontakt mit seinem Erlöser.

Ebenso trösten sich die Apostel nicht etwa mit der Vorstellung, daß sie sich nach dem leiblichen Sterben in einem dem diesseitigen Leben analogen Leben befinden würden, sondern sie trösten sich mit der gleichen Gewißheit, die der Herr dem Schächer gab. Sie bezeugen einen Zustand, den sie ausdrücken mit den Worten: »Bei Christus sein« und »bei Gott sein«.

Die Schriftstellen, die den Raum der Seligen deuten wollen, sehen im Grunde immer durch den Warteraum hindurch. Der Brennpunkt, in dem alles liegt, ist die kommende Auferstehung (1. Kor. 15,12 – 28). Alles ist Saat, alles wird Ernte. Ob unser Leben Erfolg oder Frucht war, wird hier endgültig entschieden.

Wie ist es nun mit den Bleibestätten im Zwischenzustand?

So wenig wir uns den Himmel, in dem nach der Schrift Gott wohnt, als einen Raum im Sinne unserer irdischen Vorstellungen denken können, so wenig auch den Himmel, in dem nach der Schrift die gläubigen Seelen bei Gott wohnen. Grundsätzlich können wir sagen: Wir können nicht wissen, wie die Bleibestätten beschaffen sind, die ja im irdischen Sinne unräumlich sind. Die Schrift will uns mit der Benennung dieser Orte aber nicht nur andeuten, wo sich die Entschlafenen befinden, sondern auch, wie sie sich befinden.

Was die Orte anlangt, ist die Schrift nicht so sparsam, wie wir meinen mögen. Sie spricht von Scheol, Hades, Himmel, Schoß Abrahams, Paradies, Ort der Qual, Abgrund, Gehenna, Feuersee – usw.

Bis zur Hadesfahrt des Herrn (1. Petr. 3,19) war der Bleibeort für alle der Zwischenzustand an diesen Orten. Nachdem dort die Erlösungsbotschaft verkündet war, blieben von Bestand nur das Paradies, das heißt der Himmel, und das Gefängnis, der Ort der Qual. Dennoch aber bleibt der Scheol bis zum Endgericht als Bleibeort für die in diesem Leben noch nicht zum Heil Berufenen, die aber dennoch an der Herrlichkeit des Herrn teilnehmen werden (Matth. 25,31–46). Immerhin ist dieser Zwischenzustand nur ein Übergang, ein Zustand des Behaltenwerdens und Wartens auf die Vollendung.

2. Gibt es Verbindungen zum Totenreich?

Können Tote wieder erscheinen?

Die schmalkaldischen Artikel sagen dazu: *»Die bösen Geister haben viel Büberei angerichtet, daß sie als Menschenseelen erschienen sind. «* Wenn dem aber auch nicht so sein sollte, so lassen sich derartige Erscheinungen weder behaupten noch widerlegen. Auch die Bibel behauptet weder die Möglichkeit noch die Unmöglichkeit von Totenerscheinungen. Daraus, daß Jesus die Schlüssel der Hölle und des Todes hat, folgert auf alle Fälle, daß die Toten ohne den Willen des Herrn nicht erscheinen können. Auch in Lukas 16,19ff., im Bericht vom reichen Mann und dem armen Lazarus, wird nicht gesagt, daß die Abgeschiedenen überhaupt nicht zu den Lebenden kommen können, sondern nur, daß in diesem bestimmten Fall genug getan ist – noch immer sind die Heiligen Schriften als Gottes Wort, als Gesetz und Propheten zur Hand. Aus biblischer Sicht ist anzunehmen, daß es eine direkte Verbindung des Totenreiches mit dieser Welt nicht gibt. Wenn nun im Johannes-Evangelium (8,56) steht, daß Abraham den Tag Christi mit Freuden sah, dann muß ihm diese Mitteilung im Zwischenzustand gegeben worden sein. Sein eigener Glaubensweg folgte dieser Vision ewigkeitlicher Erfüllung.

Wir müssen und dürfen auch den Gedanken ablehnen, daß Lebende eine direkte Wirkung auf Verstorbene ausüben könnten. Auch den Sakramenten und kirchlichen Handlungen ist keine Kraft und Wirkung beizumessen, die bis in das Totenreich wirksam wären.

Die Toten nehmen mit, was sie gelebt haben

Nichts also wirkt von außen, aus dem Bereich des irdischen Lebens, auf die Verstorbenen ein. Doch alles, was die Verstorbenen selbst gelebt haben, geht mit ihnen. Denn wie die Seele auch im Tode existent bleibt, so wird auch das, was dieses Leben ausgemacht hat, im Tode behalten. So sieht der große Pharao die stolzen Fürsten im Totenreich (Hes. 31 und 32), die mit ihm hinunter zu den Toten gestoßen wurden, und alle ihre schlimmen Werke folgen ihnen nach. So weiß der reiche Mann (Luk. 16) im Totenreich, daß während seines verlorenen Lebens dieser arme Lazarus vor seiner Tür lag. Er weiß, was er an ihm versäumt hat. Die Märtyrerseelen (Offb. 6,9ff.) wissen sich im Totenreich als die, die auf Erden für das Wort Gottes ihr Blut ließen. Es bleibt also den Verstorbenen die Kontinuität des Selbstbewußtseins, womit das sehr Wichtige verbürgt ist: daß nämlich der leibliche Tod das Leben nicht abbricht oder auch nur unterbricht, sondern der nach ihm eintretende Zustand eine Fortsetzung dieses Lebens bildet.

Erinnerung und Werke

Das Leben wirkt sich nach dem Sterben aus. Die Heilige Schrift geht aber noch viel weiter. Der Verstorbene behält auch die Erinnerung dessen, was er in diesem Leben erlebt hat, seine diesseitigen Schicksale, Taten, Freuden und Leiden: Nach dem Evangelium weiß sich der reiche Mann im Todeszustand genau zu erinnern, in welchen Beziehungen er hier zu Lazarus gestanden hat. Er weiß auch, obwohl er Gutes empfangen hat, daß er sein Eigenleben gelebt und dieses Leben nicht nach Gottes Wort ausgerichtet hat. Ebenso weiß er, daß seine fünf Brüder auch auf verkehrtem Wege sind (Luk. 16,19ff.). Nach Matthäus 7,22 wissen die Abgeschiedenen noch am Tage des Gerichts dem Herrn ihre hier getanen Werke aufzuzählen. Auch erkennen die Verstorbenen am anderen Ufer die, die sie hier gekannt haben, wieder.

Nicht nur in Erinnerung behalten die Verstorbenen das, was das Erdenleben ihnen gebracht hat, sondern auch ihre Werke folgen ihnen nach (Offb. 14,13). Damit ist das eigene Tun samt der unbewußten Wirksamkeit in ihrem ganzen Umfange gemeint. Es ist das gemeint, wodurch der Mensch am Ende das sein wird, was sein inneres Eigentum, sein Personsein ausmacht. Anders gesagt: Die in diesem Leben gewonnene sittliche Bestimmtheit verbleibt den Verstorbenen als geistlich sittliche Persönlichkeit. Man kann also sagen, daß die abgeschiedene Seele in dem Zustand bleibt, wie sie der Tod angetroffen hat. Hat der Mensch in diesem Leben das Heil angenommen, dann erfüllt sich: »Selig sind die Toten, die in dem Herrn sterben, denn sie ruhen in Gott« (Offb. 14,13). Hat er das Heil nicht angenommen, dann steht er vor Gott als seinem Richter (Joh. 12,48).

Erlösung von der Sünde durch den Tod?

Wer meint, mit der Wegnahme des Leibes sei auch die Sünde abgetan und der leibliche Tod sei in diesem Sinne eine Erlösung, befindet sich in einem gefährlichen Irrtum. Die Sünde hat ihren Ursprung im Willen des Menschen und macht ihn schuldig.

Es ist ein Irrtum, wenn man annimmt, daß der Tod den sittlichen Status des Menschen ändert, ihn weiser oder besser machen könnte, als er im Sterben ist. Wenn man bedenkt, daß der Tod der Sünde Sold ist und Christus durch sein Sterben dem Tode die Macht genommen und das Leben und ein unvergängliches Leben ans Licht gebracht hat, so erscheint dieser Gedanke, der Tod bringe die Erlösung, geradezu als eine Verkehrung der Heilswahrheit. Zum Glück ist es wahr, daß, solange der Mensch lebt, die Möglichkeit der Bekehrung gegeben ist. Ein einziger Seufzer kann das Heil noch in der letzten Stunde schenken. Es ist deshalb eine ernsthafte Frage, ob es verantwortlich ist, den Sterbenden soviel Narkotika zu geben, daß sie in der Selbsttäuschung, sie blieben am Leben, das Eine, was not ist, versäumen.

3. Leben ohne Raum und Zeit

Nun sind manche Theologen, wie etwa Karl Barth und andere Theologen der dialektischen Theologie der Meinung, daß die Seele mit dem leiblichen Tode stirbt und mit dem Jüngsten Tage auferweckt wird. Die Ewigkeit beginnt danach erst mit der Auferstehung, so daß der diesseits der Auferstehung liegende Zwischenzustand noch der Diesseitigkeit angehört. Es ist zweifellos richtig, daß die Schrift die Fortsetzung dieses Erdenlebens nicht mit diesem Zwischenzustand, sondern mit der Auferstehung weiterführt. Aber ohne jeden Zweifel unterliegt der Zwischenzustand nicht mehr den irdischen Raum- und Zeitverhältnissen – so gehört er der Zeitlosigkeit an. Und da wir wissen, daß diese Zeitlosigkeit nicht das Nichts, sondern die Fülle ist, so rechnet sie zur Ewigkeit.

Andere berufen sich auf Offenbarung 6,11, wo die Seelen vertröstet werden, daß sie noch eine kleine Zeit warten sollen; doch hier muß man bedenken, daß sich diese »kleine Zeit« nicht auf die Seelen bezieht, sondern auf die hier auf Erden zur Gerichtsreife anwachsenden Bluttaten.

Dasselbe gilt für das Wort Offenbarung 7,15, das besagt, daß die Seelen der Frommen Gott Tag und Nacht im himmlischen Tempel dienen. Es ist, wenn man den Zusammenhang überschaut, unmöglich, die erfüllte Zeit bei Gott umzuschalten auf Tage und Jahre. Martin Luther sagt:

»Die Toten sind außerhalb aller Zeit, Stunde und Jahre. Wir fahren dahin und kommen am jüngsten Tag wieder, ehe wir's gewahr werden; wissen aber nicht, wie lange wir außen gewesen sind, denn hie muß man die Zeit aus dem Sinne tun und wissen, daß in jener Welt nicht Zeit noch Stunden sind, sondern alles ein ewiger Augenblick.«

Sie ruhen von ihren Werken – und sind doch aktiv

Wenn die Schrift sagt, daß die Seligen, die im Herrn sterben, ruhen von ihren Werken (Offb. 14,13), dann dürfen wir wohl annehmen, daß dies eine mit der irdischen Arbeit vergleichbare Werktätigkeit ausschließt. Da aber die Seelen nach Johannes 17,24 und Philipper 1,23

1. Wahrnehmungsfähigkeit besitzen, wenn sie dort die Herrlichkeit des Herrn schauen,

2. mit ihm und wahrscheinlich auch untereinander Umgang haben werden und

3. berufen sind zu Königen und Priestern, wie die Apokalypse (Offb. 1,6) sagt, kann das Ruhen in der Geborgenheit Gottes allerhöchste Aktivität bedeuten. Langeweile gibt es dort nicht mehr. Die Seelen der Seligen loben und preisen (Offb. 7,10) miteinander Gott. Die Leiblosigkeit der Seelen nimmt ihnen nicht die Fähigkeit der Wahrnehmung und der Mitteilung – im Gegenteil: Sie sehen jetzt, was ihnen bisher verborgen war. Für den Zwischenzustand kann man aufs Ganze gesehen sagen:

> »So wie du lebst, so stirbest du.
> Und wie du stirbst, so fährest du.
> Wohin du fährst, da bleibest du.«

So beeinflußt die Ausrichtung unseres irdischen Lebens unser jenseitiges Leben. Bei dem Gläubigen wird der Glaube zum Schauen: Er wird in allem Guten bestärkt werden. Der Ungläubige wird wahrnehmen, daß seine Voraussetzungen falsch waren, und er wird, weil er sich für die Richtung auf das Böse hin entschlossen hatte, im Bösen bestärkt und verhärtet werden. Wir tun also gut, uns den Zwischenzustand als einen frei von aller gegenläufigen Entwicklungsfähigkeit, als endgültiges Festwerden in der eingeschlagenen Lebensrichtung vorzustellen.

Der Seelenschlaf ist ein Irrtum

Daraus, daß die Seelen der Entschlafenen nach der Schrift Persönlichkeit, Selbstbewußtsein, Erinnerung aus ihrem vorigen Leben behalten und sie sogar Wahrnehmung und Gemeinschaft untereinander im Tun haben, dürfen wir schließen, daß die Vorstellung von einem Seelenschlaf falsch ist. Beim aufmerksamen Lesen der Schrift fällt auf, daß Schlaf entweder irdischer Lohn der irdischen Arbeit ist (Pred. 5,11), ein Zeichen von Faulheit (Spr. 10,5 u.a.) oder Strafe Gottes (Jer. 51,39.57). So stehen wir vor der Frage, ob wir weiter von den »Entschlafenen« sprechen sollen.

Aufs Ganze kann man sagen, daß Gott in seinem Erlösungsratschluß den Tod in seiner biologischen Form nicht als Eingang sofort in die Vollendung gewollt hat. Der dem Tode folgende Zustand bedeutet weder die Vollendung, noch setzt er das Erdenleben und seine Entwicklung fort – ausgenommen sei die Möglichkeit des Weiterreifens dem endgültigen Ziel zu. Die Dimension von Zeit und Raum ist endgültig aufgehoben. Die Abgeschiedenen sind, während die Entwicklung des Heilsrates hier auf Erden seinen Gang in der Zeitenfolge weitergeht, durch den zeitlichen Tod dieser Welt und Zeitlichkeit entnommen und unter Bewahrung ihrer Persönlichkeit im bewußten und wachendem Zustande, aber zeitlos, leiblos und werklos zur Vollendung durch den wiederkommenden Herrn bewahrt.

Die Annahme, daß man sich im Zwischenzustand im Seelenschlaf befinde, wird von allen Kirchen abgelehnt. Wenn die Seelen der Verstorbenen nach der Schrift Persönlichkeit, Selbstbewußtsein, Erinnerung ihres vorigen Lebens, Wahrnehmung, Gemeinschaft untereinander sogar im Tun haben, so ergibt sich von selbst, daß man hier nicht von einem bewußtlosen Schlaf reden kann. Auch das Alte Testament kennt diese Vorstellung nicht, selbst nicht in seiner frühesten mosaischen Periode. Daß Luther für den Gedanken des Seelenschlafes offen gewesen wäre, trifft nicht zu. Er hat nur das durchaus Richtige erkannt, daß das Leben der Abgeschiedenen nicht unter der Gesetzlichkeit der Zeit steht. Er hat hieraus die reformatorischen Konsequenzen gezogen: Wer der Zeitlichkeit entkommen ist, wird unter Bewahrung seiner Persönlichkeit im bewußten und wachenden Zustande, aber zeitlos, leiblos und werklos (nicht tatenlos) auf die Vollendung durch die Wiederkunft Jesu im Warteraum Gottes aufbewahrt.

Die Trennung von Seele und Leib

Zu beachten ist, daß, wenn vom Abscheiden des Menschen gesprochen wird, dies auch seinen seelischen »Tod« meinen kann (s. Barth). Die Seele ist dann ihres Leibes beraubt und damit des Organs, durch das sie mit der sie umgebenden geschöpflichen Welt in Verbindung stand. Die Beziehung zwischen beiden ist aufgelöst.

Dieser Zustand, in den der leibliche Tod die Seele versetzt, ist ein dem anerschaffenen Wesen des Menschen widerstreitender, unnatürlicher Zustand, der die Gefahr in sich birgt, daß die Seele Schaden nimmt. Der Mensch seufzt und sehnt sich; er fühlt sich nackt. So sieht es auch die Schrift. Paulus nennt diesen Zustand ein Entkleidet-Sein (2. Kor. 5,3), und er möchte lieber gleich bei der Wiederkunft Jesu verwandelt – überkleidet – werden.

Auch Offenbarung 14,13 sieht den Wartezustand der Seligen als ein Warten auf die Vereinigung von Leib und Seele zu dem erfüllten Lebensstand. Es gibt auch Schriftausleger und Kirchenväter (wie Origenes) die behaupten, daß ein Teil des Leibes, die sogenannte materielle Leiblichkeit der Seele, in das Jenseits folge. Auf die Behauptung, daß die Seele dem Toten zunächst noch nahe bleibe, sind wir schon eingegangen (s. S. 17).

In der Gleichzeitigkeit leben

Wie es nun für die im Glauben Verstorbenen einen Wartezustand zum ewigen Leben gibt, so gibt es auch für die Verlorenen einen Wartezustand, vergleichbar einem Untersuchungsgefängnis vor dem Prozeß. In beiden Fällen sind die Abgeschiedenen leiblos. Weil die Ewigkeit weder Räumlichkeit noch Zeitlichkeit, weder Vergangenheit noch Zukunft, sondern nur erfüllte Gegenwart als Datum kennt, ist hier die Gleichzeitigkeit zu beachten. Die ganze Zeitlichkeit dieser Welt ist – so sagt es Bezzel – nur eine Sekunde der Ewigkeit. Es kommt also der erste Adam mit dem letzten Erlösten – von der Ewigkeit her gesehen – gleichzeitig an.

Die katholische Lehre vom Fegefeuer, die voraussetzt, daß die Abgeschiedenen unter dem Gefälle der Zeitentwicklung stehen, denkt hier grundsätzlich anders. Die Reformation hat diesen Gedankenkreis aufgehoben. Die Läuterung im Fegefeuer ist unvereinbar mit dem lutherischen: »Allein durch den Glauben.« Reifung ja, Läuterung nein.

Wie gesagt, die Schrift läßt die Fortsetzung des Erdenlebens erst in der Auferstehung erfolgen: ». . . du bist über wenigem treu gewesen . . . geh ein zu deines Herrn Freude.« Der Zwischenzustand ist also ein zeitloses Interim. Es ist unmöglich, das Leben im Zwischenzustand mit unseren Mitteln zeitlich zu bemessen. Die Seelen der in Christus Entschlafenen sind bei Gott in seiner himmlischen Wohnung. Sie teilen sein Leben. Bezzel sagt mit Recht: »Im Himmel sind alle Gedanken nur *ein* Gedanke: Christus in Ewigkeit.«

Wie vor Gott tausend Jahre sind wie ein Tag (Psalm 90,4) und ein Tag wie tausend Jahre (2. Petr. 3,8), so nun auch für sie, die Erlösten. In der winzigsten Zeitminute geschieht das Größte. Jahrtausende sind komprimiert auf eine Sekunde. So wird keine Uhr zur Eile rufen, kein Raum einengen oder einschüchtern. Luther sagt:

»Die Toten sind außerhalb aller Zeit, Stunde, Jahr und Stelle, denn was außerhalb dieses leiblichen Lebens ist, das ist außerhalb aller Zeit und Stelle. Wir fahren dahin und kommen am jüngsten Tage wieder, ehe wir's gewahr werden; wissen auch nicht, wie lange wir außen gewesen sind, denn hier muß man die Zeit aus dem Sinn tun und wissen, daß in jener Welt nicht Zeit und Stunden sind, sondern alles ein einziger Augenblick.«

In unserm Weltbild gehen die Jahre und die Jahrhunderte weiter, bis der Heilsplan Gottes sich mit der Wiederkunft Jesu erfüllt. Aber inzwischen leben die durch den leiblichen Tod hier Abgeschiedenen im Jenseits ohne Zeit und Raum in einem seligen oder unseligen Augenblick, bis die mit der Auferstehung verbundene Leiblichkeit ihnen neu geschenkt wird.

Ruhen in Gott ist aktives Leben

Wenn die mit Gott versöhnten Verstorbenen im zeitlosen Zustand sind, sind sie dann auch ohne Werktätigkeit? »Selig sind die Toten, die in dem Herrn sterben von nun an. Ja, spricht der Geist, sie sollen ruhen von ihrer Mühsal, denn ihre Werke folgen ihnen nach« (Offb. 14,13). Dieses Ruhen in Gott braucht nicht Passivität, es kann höchste Aktivität sein – ohne die uns so bekannte Mühsal als Folge. Die Leiblosigkeit der Seelen nimmt nicht die Fähigkeit, Äußeres wahrzunehmen und nach außen hin sich kundzutun. Dies Kundtun der

Seelen erfüllt sich in der Richtung von Offenbarung 1, daß Gott seine Kinder zu Königen und Priestern berufen hat.

Andererseits werden die Seelen der Gläubigen, wenn sie nach Philipper 1,23 und nach Offenbarung 7,9–15 vor dem Throne Gottes und des Lammes stehen, ruhen, indem sie, im Bezugsfeld Gottes und seines Sohnes stehend, sich am Gotteslob beteiligen – das kann auf vielfältige Weise geschehen.

Wenn jedoch der reiche Mann am Ort der Qual ist (Luk. 16) und wenn nach 1. Petrus 3,19 den Geistern der Ungläubigen ihr Ort als Gefängnis bezeichnet wird, so bestimmen dieser Ort und Zustand der Gottesferne ihre Wirklichkeit.

Die Gemeinschaft der Heiligen

Ferner dürfen wir annehmen, daß die Seelen der Abgeschiedenen Gemeinschaft untereinander haben. So erscheinen schon im Alten Testament (z.B. Jes. 14,9; Hes. 31,61ff.; 32,17ff.) die Seelen im Hades als eine zusammengehörende Menge. Ebenfalls die Seelen der Seligen: sie loben und preisen (Offb. 7,10) miteinander Gott und das Lamm. Ja, die vor Gott Versammelten bilden die Gottesgemeinde, das himmlische Jerusalem. So erscheint es uns gewiß, daß die Seelen sich ihre Gedanken mitteilen und sich so im Lobe Gottes vereinen.

Wir tun aber auch gut daran, uns an unsere Grenzen zu halten und uns das Jenseits nicht als eine Welt mit mannigfachen vertrauten Ausstattungen vorzustellen.

Der Scheol, der Aufenthalt der Unberufenen, bietet nicht das Bild einer vielgestaltigen Welt, sondern das eines Gefängnisses – aber was mag hinter diesem vorstellbaren Begriff gemeint sein?

Das Sein bei Christus im himmlischen Jerusalem ist auch keinem weltlichen Sein vergleichbar, so wenig der himmlische Tempel Gottes mit unseren innerweltlichen Begriffen vorstellbar ist, obwohl wir dies in unserer menschlichen Begrifflichkeit anhand biblischer Texte tun, wenn auch immer in dem Wissen, daß wir damit nur »den Saum seines Kleides« berühren. Es wäre auch trostlos und keine Erlösung, wenn wir nach dieser Weltzeit in eine Welt versetzt würden, die der unseren gar zu ähnlich wäre.

Was tun die Abgeschiedenen?

Die Schrift weiß vom Tun der Abgeschiedenen und spricht auch davon:

Die Seelen im Scheol (Hes. 31–32) und der reiche Mann (Luk. 16) *erkennen* ihren durch diesseitiges Leben verwirkten Zustand.

Der reiche Mann *klagt* darüber und *will* für seine Brüder *handeln.* Er *spricht* und *plant.*

Die Seelen der Gläubigen *reden* zu Gott (Offb. 6,10) und *preisen* das Lamm (Offb. 7,10) und *dienen* Gott in seinem himmlischen Tempel unausgesetzt (Offb. 7,15).

Diese Tätigkeiten der Erlösten werden nun nicht mehr »im Schweiße deines Angesichts« (1. Mose 3) verrichtet. Gott schauen, preisen, anbeten, von ihm Licht, Freude, Frieden empfangen, liegt im Sinne der Erfüllung der lebendigen Gemeinschaft mit dem Auferstandenen, die man in diesem Leben schon hatte.

Zum Beweis einer regelrechten Werktätigkeit, etwa im Sinne von Abbüßen, Wiedergutmachen o.ä. ist auch Lukas 16 nicht geeignet, weil dort das dem reichen Mann beigelegte Tun zur drastischen Ausführung des darzustellenden Gedankens dient. An anderen Stellen wird eine Tätigkeit auf das bestimmteste verneint. So sagt der Herr in Johannes 9,4: »*Wirket, solange es Tag ist, es kommt die Nacht, da niemand wirken kann.*«

In Offenbarung 14,13 heißt es geradezu, daß die im Herrn Gestorbenen von ihren Arbeiten ruhen. Ihre diesseitigen Werke folgen ihnen nach. Von neuer Werktätigkeit ist da nicht die Rede.

Wir halten fest, daß eine eigentliche Werktätigkeit der Abgeschiedenen im Zwischenzustand nicht in Frage kommt. Wohl klagen die Bösen dort über ihre Lage; wohl dienen die Seligen unausgesetzt Gott. Die eschatologische Vorgegebenheit kommt hier zum Vollzug.

Gibt es nach dem Tod noch Entwicklung?

Alle diejenigen, die für die Abgeschiedenen eine Leiblichkeit annehmen und Werktätigkeit buchen, stimmen auch für eine Entwicklungsfähigkeit nach dem Tode. Sie räumen der menschlichen Freiheit auch noch die Möglichkeit ein, daß man durch redliches Bemühen von dem einen Zustand in den anderen übergehen kann, also eine Bekehrung noch offen bleibt. Man versucht darzutun, daß nach der Schrift den Abgeschiedenen Umkehr in Richtung Sünde oder Heil, Bekehrung oder Abfall auch im Zwischenzustand möglich sei. Aus dieser Prämisse folgt automatisch Entwicklung als Konsequenz. Man versucht aus Lukas 16,25 zu beweisen, daß der reiche Mann durch Abraham über die Gerechtigkeit seiner Strafe, über deren Verhältnis zu seinem früheren Leben, über die Bedeutung der Kluft aufgeklärt werde. Man schließt daraus ein Wachsen in der Erkenntnis. Der gleichnishafte Charakter dieser Rede wird hier nicht beachtet. Jesus will nicht erzählen, wie der reiche Mann im Zwischenzustand von Abraham gelernt hat, so daß man daraus den Schluß ziehen könnte, er würde durch weiteres Lernen und Buße noch eine Bekehrung erfahren und auf Abrahams Seite gelangen.

Doch das ist nicht Sinn dieser Geschichte. Jesus will uns lehren, den jenseitigen unwiderruflichen Zustand recht zu bedenken. Richtig ist, daß die Gegenständlichkeit des Berichtes ihren Bezug in der Zeit vor der Wiederkunft des Herrn hat.

Es liegt auch hier der Verdacht nahe, daß man mit Teilhard de Chardin den Evolutionsgedanken deshalb gern in die Theologie einbringen möchte, weil man nicht anerkennen will, daß jede Entwicklung nur durch die freie Tat des lebendigen Gottes möglich wird und sich vollendet.

Soviel wird sich mit Gewißheit sagen lassen: Wir haben keine Schriftbeweise für irgendeine gegenläufige Entwicklung im Jenseits, die uns zu der Annahme führen könnte, nach dem Tod könne ein Mensch das, was er bei Abschluß seines Erdenlebens gewesen ist, korrigieren.

Einerseits wird der Tod jeden in seiner Art fördern müssen: Wenn der sterbende Gläubige zu Christus in den Himmel eingeht, in den Warteraum, den wir mit »Paradies« umschreiben, wird er seines

Glaubens durch das Schauen gewiß. Das Gute liegt nun im Anstoß einer ewigen Bewegung.

Wenn sich der sterbende Ungläubige jenseits wiederfindet, wird er inne werden, daß sein Leben eine gelebte Lüge war. Er wird aber dadurch, daß er die Richtung auf das Böse gewählt hat, im Bösen bestärkt und verhärtet werden. Aber diese reifende und fördernde oder verhärtende Wirkung des Todes wird eben auch als Wirkung des Sterbens selbst, nicht als Ergebnis des Lebens im Zwischenzustand zu erklären sein. Anders ausgedrückt: die Katastrophe des Todes bewirkt im Zwischenzustand nur ein Festwerden in der vom Menschen selbst eingeschlagenen Lebensrichtung.

Der große Däne Sören Kierkegaard versucht einmal, die Selbsttäuschung des Menschen in bezug auf die ewigkeitliche Existenz, seine Flucht aus seiner Lebensfrage, in einem gleichnishaften Bild zu deuten. Er sagt, der natürliche Mensch versuche, der Wirklichkeit Gottes und seinem Gerichtsurteil dadurch zu entkommen, daß er sein Heil im chronologischen Raum, aber nicht in der kairologischen Wirklichkeit sucht, die ihn in Jesus Christus überholt hat. Er nimmt sozusagen das schnellste Fahrzeug, das überhaupt denkbar ist, bringt es auf immer größere Geschwindigkeiten und bildet sich ein, er könne damit dem Zugriff Gottes entgehen. Ich komme weiter, beruhigt er sich; aber für ihn verändert sich nur die Umgebung, durch die er rast – er bleibt derselbe, unverändert, und ist unsinnigerweise vor sich selbst und vor Gott auf der Flucht! Diese Selbsttäuschung beruhigt ihn, solange er unterwegs ist. Am Ziel angelangt, sieht er zu seinem Schrecken beim Aussteigen, daß Gottes Anwälte mit ihm aussteigen. Sie verhaften ihn.

Sie saßen hinten in seinem Fahrzeug, waren ungesehen mitgefahren.

Flucht vor sich selbst, Flucht vor Gott – was für ein Irrsinn! Zu spät erwacht er aus der Selbsttäuschung der gelebten Lebenslüge.

Dem Zeugnis des Neuen Testaments, nachdem die in diesem Leben Glaubenden mit dem leiblichen Tode in einen Zustand unverrückbarer Seligkeit eingehen, die Verlorenen in den Zustand unverrückbarer Unseligkeit, steht das Zeugnis des Alten Testamentes gegenüber, das wesentlich anderes besagt.

4. Der »Scheol« des Alten Testaments

Das Alte Testament weiß nichts von einem solchen Unterschied im Zwischenzustand. Nach dem Zeugnis des Alten Testaments gehen die Gläubigen (wenn wir von Ausnahmen wie Elia absehen) wie die Ungläubigen und Heiden unterschiedslos mit dem leiblichen Tod in den gleichen Zustand an den gleichen Ort. Die Bezeichnung dieses Ortes ist im Alten Testament »Scheol«. Der Gedanke, daß die Bösen ein schlimmeres Los haben als die Guten, wird nicht bezeugt. In Stellen wie Jesaja 14,15; Hesekiel 32,23 findet sich dieser Gedanke nicht. Wenn spätere Bücher des Alten Testaments von einer jenseitigen Vergeltung und Scheidung der Gerechten von den Ungerechten zu sagen wissen, so nicht im Zwischenzustand, sondern erst nach der Auferstehung und dem Endgericht (Dan. 12,2–3). Mit dieser Version stimmt auch die Art überein, wie sich die Frommen des alten Bundes im Blick auf das Todesschicksal trösten: Ihre Hoffnung ist es, daß Gott sie nicht ewig im Scheol lassen wird, sondern sie durch die Auferstehung dem Scheol wieder entreißen würde. Auch an Stellen wie Sprüche 15,24 ist nicht gesagt, daß die Frommen mit dem Tode in den Himmel gingen, sondern es wird nur die Hoffnung ausgedrückt, daß sie aus dem Scheol heraus errettet würden.

Wenn nun alttestamentliche Apokryphen und vorchristliche Rabbinen von einer zugleich mit dem Tode eintretenden Seligkeit oder Unseligkeit sprechen, so hat das seine Quelle nicht im Alten Testament, sondern in Einflüssen von anderen Religionen und Philosophien.

Lassen wir nun das Zeugnis des Alten Testaments und das des Neuen Testaments gleichwertig nebeneinander gelten, dann bleibt nur der Sachverhalt, daß bis auf Christus alle Menschen, das heißt, auch die im alten Bunde Gläubigen wie Ungläubigen, in denselben Zustand und Ort des Scheol gegangen sind.

Die verschiedene Art der Berufung hat verschiedene Folgen. Die Gläubigen im Alten Testament wurden noch nicht wie die gläubigen Christen durch die Heilsanbietung und die Gabe des Heiligen Geistes zu neuen Menschen verändert. So konnten sie auch nicht wie diese in den Zustand der Seligkeit eingehen. Alle, die im alten Bund die Heilsverkündigung ungläubig aufnahmen, wurden dadurch nicht abschließend verurteilt: Die Begegnung mit Jesus Christus war ihnen verwehrt. So erklärt es sich, daß im Scheol sowohl Berufene wie auch Nichtberufene gesehen werden. Sie leben wachend, bewußt mit Erinnerung ihres diesseitigen Lebens, aber es ist bei allen doch in der Entelechie unentschiedenes Leben, jedenfalls was sein Ziel und seine Vollendung angeht.

Die Totenklage des alten Bundes

Aus dieser Sicht erklärt sich, daß die Frommen des alten Bundes ganz anders als die des Neuen Testaments von dem auf den Tod folgenden Zustand im Tone der Klage reden. Sie rühmen höchstens die Ruhe von den Mühsalen dieses Lebens. Sie sind alt und lebenssatt. Weil nun aber alle Frommen im Alten Testament, soweit sie nach dem messianischen Heil suchten, das in Christus erschienen ist, auch ihre Berufung durch den Messias als die Erfüllung erwarten, haben die alten Kirchenväter folgende Erklärung:

»Nachdem die alttestamentlichen Frommen zunächst in den Scheol gegangen, ist durch Christi Erscheinung hier eine Wendung eingetreten. Dies drückt sich im Glaubensartikel aus: ›Hinabgestiegen in das Totenreich‹.«

5. Christus im Totenreich

In Matthäus 27,51 – 53 wird berichtet, daß infolge der Auferstehung Jesu Christi einzelne alttestamentliche Fromme leiblich auferstanden seien. Es wird aber nichts darüber ausgesagt, daß die zwischenzuständliche Existenzweise der Verstorbenen des alten Bundes sich verändert habe. Immerhin wird bezeugt, daß die Auferstehung Jesu Christi und die Verwirklichung des Heils Einwirkung auch auf die Situation der abgeschiedenen Glieder des alten Bundes gehabt hat. Möglicherweise steht diese Information deshalb nicht beim folgenden Auferstehungsbericht, sondern hier, weil diese Auferstehung »vieler entschlafener Heiliger« als Wirkung auch von Jesu Hinabgehen in den Scheol verstanden werden kann.

Abraham jubelte

Wichtiger aber erscheint noch die Stelle Johannes 8,56:

»Abraham jubelte bei seinen Lebzeiten, als er die Verheißungen empfing (1. Mose 17; 18; 15,7), daß er meinen Tag (die Erfüllung des ihm verheißenen Heils durch Jesus) sehen sollte.«

Diesen Tag der Erfüllung hat er, der Gestorbene, aber Lebende, jetzt gesehen und erlebt. Er hat davon Kunde erhalten und sich gefreut. Unter der Voraussetzung, daß dies der Sinn der Bibelstelle ist, bezeugt sie unzweifelhaft, daß die Kunde von der Erfüllung und Verwirklichung des Heils durch Christus dem im Scheol befindlichen Abraham durch den Hinabgestiegenen zukam.

Die Verkündigung des vollbrachten Heils machte ihn froh. Ist da nicht anzunehmen, daß der unbestimmte Scheolzustand aufgehoben wurde? Und dürfen wir nicht annehmen, daß das gleiche, was Abraham geschah, auch allen zuteil wurde, die auf den Messias, Christus, warteten?

Lukas 16,19ff. berichtet, wie Lazarus und Abraham sich in einem Zustand und Ort der Tröstung befinden, getrennt vom Ort der Qual. Wenn nun aber Vers 22 der »Schoß Abrahams« genannt wird, so kann das doch nur bedeuten, daß Lazarus an dem Ort ist, wo sich Abraham als der Vater des Bundesvolkes befindet, mit dem Lazarus in innigste Gemeinschaft gebracht worden ist. Auch der Reiche, der zu den alttestamentlich Berufenen* zu zählen sein dürfte, wie namhafte Ausleger meinen, kann sich nicht mehr im Scheol, im Zustand der Unentschiedenheit, aufhalten, wenn es heißt, daß er am Ort der Qual ist. Es muß also, darauf läßt diese Stelle schließen, zur Zeit der Erfüllung in Christus im Blick auf den Scheol zu einer Veränderung gekommen sein, noch bevor Christus dort seine Heilsbotschaft verkündigt hatte.

Man hat auch auf die mancherlei Stellen der Offenbarung hingewiesen, wo von den vierundzwanzig Ältesten vor dem Throne Gottes die Rede ist, die als die Repräsentanten der alttestamentlichen

---

* Berufen heißt hier: Die Heilsbotschaft ist ihm verkündigt worden. Jeder, der sie hörte, gehört damit zu den Berufenen. Und Gott will, daß seine Botschaft jedem Menschen verkündigt wird.

und neutestamentlichen Gemeinde verstanden werden. (Zwölf-Stämmevolk des Alten, zwölf Jünger des Neuen Bundes). So dürfen wir sagen, daß die Kunde von der Erlösung auch denen im Scheol zugekommen ist. Nun wurde je nach dem Urteil Gottes über den alttestamentlich Verstorbenen entschieden. Wenn er die Botschaft von der Erlösung annahm (1. Petr. 3,18ff.), wurde er in die neutestamentliche Heilswirklichkeit aufgenommen.

Christi Predigt im Scheol und ihre Wirkung

Die Verkündigung Jesu in der Totenwelt kann, was ihren Inhalt betrifft, nur Gnaden- und Gerichtspredigt gewesen sein. Die Verkündigung des Heils war ein heroldartiges Ausrufen. Sie war keine Lehrmitteilung, sondern Begegnung des Sünders mit Gott in seinem gekreuzigten Sohn – »Geruch des Lebens zum Leben und des Todes zum Tod«. Der Augenblick dieser Begegnung nach langer Zeit, vielleicht auch der angstvollen Unsicherheit, Reue, Verzweiflung oder auch Verstockung und mit alledem der Vorbereitung entschied über die Ewigkeit. Mit dem Reich des Todes, in das der Herr hinabstieg, kann also nicht die Hölle im eigentlichen Sinne gemeint sein, weil es noch keine Hölle gab. Diese Orte der Scheidung sind die Folge des Todes und der Auferstehung Jesu Christi. Es kann sich vorerst jedoch nur um das Gefängnis, das heißt, um den Scheol handeln, den Petrus meint.

Bevor Christus also aus dem Grabe auferstanden war, war er in den Scheol, den gemeinsamen Ort aller bis dahin gestorbenen Seelen, hinabgestiegen. Er hat dort den Zeitgenossen Noahs wie auch allen anderen ohne Unterschied, ob sie zum Bundesvolk gehörten oder nicht, seinen Erlösungstod bezeugt. Sie wurden durch diese Begegnung mit Christus in die Entscheidung gefordert und haben sie, je nach den Vorgegebenheiten ihres Lebens und der göttlichen Vorsehung getroffen. Die Möglichkeit, selig zu werden, wurde jedenfalls allen im Scheol Befindlichen durch das Ausrufen der Heilsbotschaft gegeben.

Das ist die Gerechtigkeit. Das ist das Erbarmen Gottes. War die Berufung der im Scheol befindlichen Seelen vor dem Erscheinen Christi noch unvollständig, so wurde sie durch die Begegnung mit ihm zur erfüllten Stunde. Die Begegnung mit Christus hat immer eine Entscheidung zur Folge. Glaube oder Unglaube kommen dadurch in einen Klärungsprozeß, der im Himmel oder in der Hölle endet. So entschied die Begegnung mit Christus im Scheol über Seligkeit oder Unseligkeit, und das bedeutet im biblischen Sinne die Aufhebung dieses unbestimmten Wartezustands bzw. seine Umdeutung in neutestamentliche Zuständigkeiten.

Was wird aus denen, die von Jesus Christus nie hörten?

Es steht nun noch die Frage zur Debatte, was Tod und Zwischenzustand für die Nichtberufenen bedeutet: Was wird aus denen, die die Predigt der Heilsbotschaft in diesem Leben nicht gehört haben.

Grundsätzlich müssen wir bedenken, daß es außer Christus kein Heil gibt. Neulich rief mir ein Professor in einer Studentenversammlung zu: »Kann man nicht auch ohne Christus eine wahre Vorstellung von Gott haben? Könnte man nicht aus allen Religionen das Beste über Gott herausfiltern und daraus eine Art Gottes-Ideologie schaffen?« – »Nicht nur eine«, antwortete ich, »jede Menge. Aber Jesus hat nicht gesagt, daß er uns eine neue Ideologie von Gott bringen wollte; er sagte: ›Ich bin der Weg, die Wahrheit und das Leben, niemand kommt zum Vater als nur durch mich.‹ Jesus zeigt nicht den Weg in eine neue Ideologie, sondern er, Jesus selbst, ist der Weg zum Vater, zur Heimat, zur ewigkeitlichen Erfüllung unseres Lebens. Wenn Sie zum Vater wollen, wenn Sie nach Hause wollen, gibt es keinen anderen Weg als Jesus« (Joh. 3,16; 12,46; 14,6; Apg. 4,12).

Nach reformatorischem Denken ist es unmöglich, auf dem Wege der Tugend, der Leistung, der eigenen Gerechtigkeit zu Gott zu kommen. Das heißt: Christentum ist auch keine Religion; es ist das Ende aller Religionen: Es ist die Vertrauensfrage Gottes an uns, und es bezeugt sich uns als von Gott erfüllte Wirklichkeit. Wir erliegen so leicht dem Irrtum, daß wir, um mit Luther zu sprechen, Gott nicht Gott sein lassen. Gott ist Gott, und es hat Ihm gefallen, sich nur in Gesetz und Evangelium zu offenbaren. Diese Offenbarung nimmt auch konsequent ihren endgeschichtlichen Ausgang – weil Gott Gott ist und keine Ideologie.

»Sodom und Gomorra wird's besser gehen«

In Hesekiel (16,53–63) wird verheißen, daß Gott nicht nur Israels Geschick, sondern vorher auch das der Völker (Sodom und Samaria) wenden wird, deren Unglück Israel hatte warnen sollen, deren Wiederherstellung Gottes Volk beschämen soll, wenn Gott sein Volk an seinen Bund erinnert und ihm Treue erweist. Sodom war untergegangen, weil keine zehn Beter da waren. Es war zur Zeit Hesekiels ausgestorben.

Da nun nur der in diesen durch Christus geschaffenen neuen Bund eintreten kann, der in freier Willensentscheidung das Heil in Christus annimmt, stehen wir hier vor der Tatsache, daß Gott, wie Luther sagt, mächtig genug ist, aus der Hölle in den Himmel zu heben. Es wird auch hier bei denen, die die Heilsbotschaft noch nicht gehört haben, die also noch nicht berufen wurden, keine Verwerfung von Gott erfolgen, ohne daß ihnen nach dem Tode Gelegenheit gegeben wird, sich für oder gegen Christus zu entscheiden. Der Herr hat verschiedentlich an die Weissagungen Hesekiels angeknüpft. Er stellt (Matth. 10,15) diejenigen, die die Predigt durch die Apostel gehört, aber verachtet haben, Sodom und Gomorra gegenüber. Das setzt aber notwendigerweise voraus, daß in diesen Städten die Verkündigung des Heils noch geschehen wird. Wenn er weiter sagt, daß es Sodom und Gomorra im Endgericht erträglicher ergehen werde als denen, die die Predigt seiner Boten verwerfen, so kann er das nur in der Gewißheit, daß es den Weg des Heils auch für solche gibt, die in diesem Leben unberufen geblieben sind, also die Heilsbotschaft noch nie gehört haben und *darum* – nicht weil sie sie abgelehnt haben – in Sünden gestorben sind.

Zu demselben Resultat führen auch andere Stellen: Matthäus 11,20–24 u. a. Nach diesen Aussagen wäre den heidnischen Einwohnern von Tyrus und Sidon wenn auch nicht allgemein, so doch im Einzelfalle Bekehrung geschenkt worden, wenn ihnen das Heil in Christus gepredigt worden wäre – sicher hätten einzelne unter ihnen es angenommen. Nach diesen Aussagen in Lukas 12,47–48; Johannes 15,22–24; 2. Petrus 2,20–22 ist es um diejenigen, die den Heilsweg Gottes gar nicht erfahren haben oder wissen, immer noch besser bestellt als um die, welche ihn gekannt, aber verworfen haben.

Die Berufung – allen Menschen soll geholfen werden

Zu dem gleichen Resultat führt uns eine weitere Überlegung. Nach 1. Timotheus 2,1ff. ist es Gottes Wille, daß die Kenntnis von dem in seinem Sohn bereiteten Heil *allen Menschen* zukommen soll. Der gute Gotteswille verbürgt jedoch nicht, daß alle Menschen ohne Ausnahme dieses Heil auch annehmen werden und zum ewigen Leben finden. Gott will nicht, daß der in Sünden geborene Mensch ohne das Angebot der Erlösung der Verdammnis – das heißt, dem ewigen Tod – anheim fällt. Verstehen wir jetzt, wie wichtig das Zeugnis der Gemeinde in Evangelisation und Mission ist? Alle sollen es hören – so deutlich und unmißverständlich, daß die Entscheidung nur noch beim Hörer liegt.

Gott überfordert die menschliche Freiheit der Entscheidung nicht. Wenn nun die Erfahrung zeigt, daß vielen Menschen nicht durch eigene Schuld, sondern durch Schuld anderer in diesem Leben keinerlei Kenntnis des Heils zuteil wird, so dürfen wir es der Liebe Gottes zutrauen, daß er für sie auch Mittel und Wege hat, sie nach dem Tode noch zu berufen. Die Entscheidung über Himmel und Hölle fällt, wo Verkündigung in Vollmacht geschieht und der Herr uns in seinem Wort begegnet.

Die Antwort auf die »natürliche Gottesoffenbarung«

Bei diesen Überlegungen müssen wir aber im Auge behalten, daß in unserm Leben das Diesseits die Aussaat und das Jenseits die Ernte ist. Wir alle kennen den Spruch: Was der Mensch säet, das wird er ernten. Es gibt keinen Bauern, der, wenn er Disteln sät, sich einbildet, er würde Weizen ernten. Wir dürfen auch für die Unberufenen nicht annehmen, daß die ihnen drüben zuteilwerdende Heilskunde ganz unabhängig wäre von dem, was sie in diesem Leben wurden oder waren. Andernfalls würde das Erdenleben ganz bedeutungslos und 1. Korinther 15 unanwendbar sein.

Die alten Kirchenväter weisen darauf hin, daß es außer der besonderen Berufung auch noch eine allgemeine gibt, welche allen in diesem Leben zukommt. Denn Gott hat sich ihnen (Apg. 14,16–17) durch das Gewissen und die natürliche Gotteserkenntnis auch allgemein nahe gebracht. Er hat sich in seinen Wegen nicht unbezeugt gelassen, sondern sich auch den Unberufenen (Röm. 1,19-20) in seinen Werken und Wohltaten offenbart. Ja, er hat nach Römer 2,14-16 durch das in ihr Herz geschriebene Gesetz zu ihrem Gewissen geredet, so daß Paulus die Athener hinweisen konnte auf den unbekannten Gott (Apg. 17,20 ff.). Er bezeugt, daß Gott ihnen nahe genug ist, um ihn suchen, fühlen und finden zu können. Ihm tun sie unwissend Gottesdienst.

Immerhin kann man auch von denen, welche die Berufung durch das Evangelium in diesem Leben nicht bekommen haben, dennoch sagen, daß ihr Erdenleben schließlich immer eine Frucht zum Leben oder zum Tode als Ertrag bringe. Wenn wir das auch beachten müssen, so ist richtig, daß man nicht sagen kann, daß die in diesem Leben unberufen Gebliebenen auf Grund der natürlichen Gottesoffenbarung einmal gerichtet würden. Damit würde dem Satz widersprochen, der jedoch absolute Gültigkeit hat, daß räumlich außer in Christus kein Heil ist. Gott hat beschlossen, in diesem Jesus den Erdkreis zu richten (Apg. 17,31).

Um nicht in unnötige Spekulation zu geraten, erscheint es wichtig, uns in der vom Herrn selbst gegebenen Begrenzung zu wissen: »Ringet danach, daß ihr durch die enge Pforte eingeht; viele werden es versuchen und es nicht vermögen« (Luk. 13,24) und »Wir sehen jetzt durch einen Spiegel ein dunkles Bild« (1. Kor. 13,12). Im Vertrauen auf den Herrn lösen sich die ungeklärten Probleme auf dem Glaubensweg durch den Herrn selber. Der Herr hat uns nicht alles gesagt, aber in der uns bestimmten Begrenzung vertrauen wir, daß er uns zu seiner Stunde alles sagen wird.

6. Der Tod, das Ende der Gnadenzeit?

Wie findet der Mensch Glauben?

Wir müssen uns nun mit der Frage befassen, wo nach dem Ratschluß Gottes die Möglichkeit der Aneignung des Heils aufhört. Hört sie mit dem leiblichen Tod auf, oder gibt es noch Möglichkeiten der Bekehrung nach dem Tod? Als der reiche Mann »am Ort der Qual« die

Bitte aussprach, daß einer von den Toten auferstehen möge, um die gottlosen Brüder zu warnen, bekam er die Antwort: »Die würden auch dann nicht glauben.« Wunder können den Glauben wecken, aber nicht bewirken. Der lebendige Glaube ist selber ein Wunder. So haben es jedenfalls die Reformatoren verstanden.

Wie kommt nun der Mensch zum Glauben? Nicht aufgrund einer allgemeinen Offenbarung, sondern so, wie es die Bibel sagt: »Sie haben Mose und die Propheten . . .« und vor allen Dingen: Wir haben die Botschaft von Christus. Hier stehen wir unweigerlich an der heiligen Grenze. Jesus selbst zieht sie mit den Worten: »Wer an den Sohn glaubt, der hat das Leben; wer an den Sohn nicht glaubt, wird das Leben nicht sehen, und der Zorn Gottes bleibt über ihm« (Joh. 3,36). Die Krisis, die Jesus in die Welt und damit in jedes einzelne Leben gebracht hat, endet mit Himmel und Hölle. Da, wo das Heute der Gnade aufhört, liegt die Grenze, der eiserne Vorhang, der nicht durchbrochen werden kann.

»Laß die Toten ihre Toten begraben!«

Diese Grenze ist immer gegeben, wenn es dem Heiligen Geist gelingt, mir Jesus Christus so nahe zu bringen, daß ich ihn im Glauben als meinen persönlichen Heiland annehmen kann, so daß ich mit Luther im zweiten Artikel des Glaubensbekenntnisses bekennen kann: »Daß er sei mein Erlöser und mein Herr.« Dieser Schritt über die Linie, wo man die Vertrauensfrage, die uns in Christus gestellt ist, mit der Hingabe des Lebens beantwortet, muß, wenn man selig werden will, in diesem Leben getan sein. Das setzt Auferweckung aus dem geistlichen Tod voraus.

Das »Feld voller Totengebeine«, der geistlich Toten auch in unseren Kirchen, ist das eigentlich Grauenerregende. Daß sich diese Toten und Todkranken noch fromme und christliche Mäntel umhängen und in immer neuen Verpackungen ihre unchristlichen Lehren verbreiten können, in Wirklichkeit aber Heuchler und Rechtsbrecher und Verdreher der Wahrheit sind und die Leute hinter sich herziehen lassen wie der Rattenfänger von Hameln – das war nicht nur die Angst Kierkegaards. Realistisch gesehen ist unsere Lage heute doch weithin so, wie Jesus Christus sie mit einem Satz gekennzeichnet hat, als jemand vor dem Schritt in die Nachfolge noch seinen Vater begraben wollte: »Laß die Toten ihre Toten begraben.«

Die Krisis unserer Zeit ist das Angebot der Ewigkeit in Christus. Schniewind sagt deshalb, daß es im Grunde in der Kirche nur eine Predigt geben dürfe, nämlich die Bekehrungspredigt. Das Thema der Predigt in Nazareth, wahrscheinlich die einzige, die Jesus dort gehalten hat, war: »Heute ist diese Schrift erfüllt vor euren Ohren« (Luk. 4,14ff.). Dieses Heute ist auf alle Fälle da gegeben, wo Jesus Christus vollmächtig verkündigt wird, übersetzt durch den Heiligen Geist, daß ER uns im Glauben begegnet, beim Namen ruft und uns so nahe kommt, daß wir Ihn annehmen können.

Wem Christus hier begegnet, über dem ist die ewigkeitliche Entscheidung gefallen: Er ist berufen. Spielt er nun mit dem Angebot der Gnade oder schiebt er seine Antwort auf dieses Angebot auf, das ihm doch ewiges, göttliches Leben schenken und das einzige, was der Mensch seinerseits zum Tausch anbieten könnte, nämlich sein Todesleben, abnehmen will – dann ist im Urteil Gottes über ihn entschieden. Auch wenn der Ernst dieses biblischen »Heute« von den Kirchen weithin verraten wird und die auf immer Neues bedachten Architekten neuer »christlicher« Lehrgebäude eine biblische Säule nach der anderen abtragen, kann das nicht hindern, daß das Gotteswort seine Unbedingtheit behält.

Auch Tradition und christliche Lehre grenzen Heil und Unheil nicht gegeneinander ab.

Aus der Lehre wird eine Person

Als Martha Jesus am Grabe des Lazarus begegnet (Joh. 11,17ff.), und der Herr ihre Erregung mit dem Wort zu lindern sucht: »Dein Bruder wird auferstehen«, antwortet die informierte Martha: »Ja, in der Auferstehung am Jüngsten Tag.« Sie flüchtet sich in ihr Lehr- und Katechismuswissen. Dieses traditionelle Wissen aber hat allenfalls bewahrende, jedoch keine erneuernde und verändernde Kraft.

Jesus durchbricht diese Schranke und sagt: »Ich bin die Auferstehung und das Leben; wer an mich glaubt wird leben, wenn er auch stirbt. Und wer da lebt und glaubt an mich, wird niemals sterben. Glaubst du das?«

Was für eine Antwort! Aus einer Lehre wird eine Person: »Ich bin . . . wer an mich glaubt, wird leben . . . Glaubst du das?« Dieser Augenblick hat die Tiefe erfüllter Zeit. Martha bekennt: »Ja, Herr, ich glaube, daß du der Christus bist, der Sohn Gottes, der in die Welt gekommen ist.« Martha hatte in Christus zur Mitte von Zeit und Ewigkeit gefunden. Sie hatte die Vertrauensfrage, die in Kreuz und Auferstehung aller Welt gestellt ist, mit dem einfachen »Ja, Herr, ich glaube . . .« beantwortet. Sie lebte nun im Stundenschlag der Uhr Gottes, und es war plötzlich gleichgültig, ob ihr Bruder am gleichen Tage oder in tausend Jahren auferstehen würde.

Selig werden mit Furcht und Zittern

Nach reformatorischer Theologie hat der Mensch die Freiheit der Entscheidung für Gott, wenn dieser ihn bei Namen ruft und der Mensch sich angesichts solcher Berufung im Teufelskreis seiner Selbstverhaftung entdeckt. Dann allein kann das Flehen »Jesus, erbarme dich« geschenkt werden. Wenn wir dann in getroster Verzweiflung zum Glauben kommen, folgt der andere Pendelschlag: »Schaffet, daß ihr selig werdet mit Furcht und Zittern. Denn Gott ist's, der in euch wirkt beides, das Wollen und das Vollbringen« (Phil. 2,13). Überall, wo ich Erweckungen erlebt habe, begriff ich etwas mehr das Wort in der Apostelgeschichte: »Es kamen zum Glauben, so viele ihrer zum ewigen Leben *berufen* waren.«

Wenn sich die Tür schließt

Wenn wir nun die Frage aufwerfen, ob die offene Tür der Gnade, die wir so gerne verkündigen, auch verschlossen werden kann, so bleibt uns die Bibel die Antwort nicht schuldig: Matthäus 25,10; Lukas 13,25; Offenbarung 3,7 und viele andere Stellen bestätigen es. Es steht nirgendwo, daß die Tür, die den fünf törichten Jungfrauen verschlossen wurde, irgendwann wieder aufgemacht wurde, oder daß der Herr, nachdem die Tür verschlossen ist, denen, die draußen stehen und klopfen und rufen: »Herr, tu uns auf« und dann auch Argumente für ihre Rechte bringen, daß ihnen aufgetan würde – daß der Herr ihnen noch eine Chance gäbe.

Nun kann es sehr wohl sein, daß nicht nur die Heiden, sondern auch Namenschristen ohne ihre Schuld zu den Unberufenen gehören: Wer kennt nicht den raffinierten Trick des Feindes, wenn er sich einer modernistischen Theologie bedient, um hörwillige, aber unwissende Menschen durch raffiniertes Einlullen in einen Schlafzustand zu bringen, der im biblischen Sinne Seelenmord ist? Wie viele Gemeinden gibt es, in denen die Stimme des Bräutigams nicht mehr so gehört wird, daß sie als Einladung zur königlichen Hochzeit verstanden wird? Oder wo nur noch über die offene Tür gepredigt wird, nicht aber auch, daß diese Tür ein Schloß hat.

Die rechtfertigende Gnade wird entweder angenommen oder nicht. Der Glaube ist vorhanden oder nicht. Er kommt aus der Predigt, die Predigt aus dem Worte Gottes: Er wird entweder durch den Heiligen Geist geschenkt oder bleibt durch eigene Schuld aus. Wo die Grenze liegt, können wir im letzten nicht feststellen. Wir leben alle im Urteil Gottes. Dem Auge Gottes allein ist die Grenze deutlich erkennbar.

Das war Hannes

Die Anfechtung, die hierin liegt, wurde mir einmal sehr deutlich bewußt. Auf vieles Bitten einer gläubigen Frau aus Hamburg nahmen wir einen völlig verwahrlosten Mann, den Hannes, in unsere Rehabilitation auf. Er war ein Findelkind. Von seiner Pflegemutter hatte er nur die schlimmsten Dinge erlebt. Mit zwölf Jahren mußte er Pornozeitschriften verkaufen. Mit achtzehn Jahren war er Zuhälter. Er verfiel dann völlig dem Alkohol und dem Sex. Als er körperlich fertig war und seinem trostlosen Leben ein Ende machen wollte, nahm sich diese Hamburgerin seiner an. So kam er zu uns. Sein Gesicht trug die Spuren der Vergangenheit. Erstaunlich war, wie er dann unter der Verkündigung erweckt wurde. Eines Tages kam er zu mir, um zu beichten. Seine Lebensbeichte hat mich tief bewegt und mir gezeigt, wie leicht wir pharisäische Maßstäbe anlegen, wenn wir solchen »Typen«, wie wir sie bezeichnenderweise nennen, begegnen.

Hannes wurde nach der Bekehrung frei von allen Süchten, aber seine vom Alkohol verbrauchte Leber verlangte beständig medizinische Betreuung. Da passierte es, daß er plötzlich rückfällig wurde.

Als er zur Besinnung kam, bereute er es. Weil wir auch in der Rehabilitation Ordnungen brauchen, bezog ich mich auf den betreffenden Paragraphen und sagte: »Wenn es noch einmal geschieht, wirst du entlassen, und der nächste steigt nach der Warteliste ein.« Nicht lange danach wurde er wieder rückfällig. Mit liebender Härte entließen wir ihn, und er ging zurück zu seiner Betreuerin. Sie bat wiederholt um Hilfe, aber wir blieben bei der Entscheidung, weil der Platz auch schon belegt war. Da passierte es, als ich eines Morgens meine Haustür öffnete, daß Hannes mit Sack und Pack vor der Tür lag. »Ich werde so lange hier des Nachts schlafen, bis Sie mich wieder aufnehmen«, sagte er. Wer konnte da noch hart bleiben?

Wieder ging es eine ganze Weile gut, bis Manöversoldaten in unserm Ort waren. Ein Holländer hatte ihn weich gemacht und zum Trinken animiert. Nach seinem Rausch kam er zu mir, warf sich auf den Boden, umklammerte meine Knie und bat um Vergebung. Als ich sein gelbes Gesicht sah, war mir die ärztliche Diagnose sofort klar. Ich antwortete: »Ich vergebe dir. Aber du mußt sterben! Deshalb bring deine Sache bei Jesus in Ordnung!« Wir beteten noch zusammen, dann ging er in sein Zimmer. Dort nahm er ein großes Blatt Papier, malte einen Rahmen und schrieb auf das Blatt:

»Wer den Namen des Herrn anruft, wird errettet werden!«

Auf dem Wege zum Arzt starb er. Wir fanden das Blatt auf seinem Tisch. Dieser Text, den wir im Alten wie im Neuen Testament finden (Joel 2,32; Apg. 2,21 und Röm. 10,13), wurde sein Leichentext.

Wenn nun er, dieser »Typ«, selig gestorben ist – wo liegt dann die Grenze?

Abgesehen davon, daß nach der Schrift alle, die die Sünde wider den Heiligen Geist begehen (Matth. 12,31; Mark. 3,28–29; s. S. 59 ff.) schon vor ihrem Tod für die Ewigkeit verloren sind, ist der leibliche Tod auch der Endtermin für alle, die den Ruf zur Bekehrung willentlich ausgeschlagen haben (Hebr. 6,4; 10,26). In der Kirche des Mittelalters verbreitete sich die Lehre, daß der Mensch auch nach seinem Tod für sein Heil noch etwas tun könne. Wenn man auch für den Zwischenzustand keine Bekehrungsmöglichkeit annahm, so doch eine Läuterung in der Heiligung, ein Wachstum im Heil durch die Fürbitte der Lebenden und den Gnadenüberschuß aus den Werken der Heiligen. Daraus hat sich dann die Lehre vom Fegefeuer entwikkelt. Sie wurde im Trientinum (1545-1563) zur Lehre erhoben. Die Reformatoren haben dieser Täuschung ein Ende bereitet, indem sie feststellten, daß es nicht angängig ist, mit Hilfe der Lehre der Rechtfertigung im Zwischenzustand noch Grade und Stufen zu erreichen.

Ein weiterer Grund ist unsere Vorstellung von Raum und Zeit, die nach biblischem Denken für den Zwischenzustand maßgeblich ist. Eindeutig steht nach der Schrift fest, daß es einen Endpunkt der Gnadenzeit gibt (Matth. 25,10; Luk. 13,25). Die der Menschheit gewährte Gnadenzeit, nach deren Ablauf es keinen Raum zur Buße mehr gibt (Hebr. 12,17), gilt bis zur Widerkunft Christi und dem Endgericht. Wenn man jedoch eine Bekehrung des einzelnen nach seinem Tode annehmen wollte, dann müßte man gleichzeitig annehmen, daß der Zwischenzustand im Gefälle der Zeit liegt, in der der Wechsel einander ablösender Seelenzustände vor sich ginge. Es gibt aber keine Bibelstellen, die das beweisen. Nur wenn man den Zwischenzustand als Fortsetzung dieses Lebens versteht, ist solch eine Annahme möglich. Das aber ist biblisch ein Fehlschluß.

Auch die Teufel glauben – und zittern

Man hat – wohl auch im Sinne der Allversöhnung – die Bibelstelle angeführt, daß einmal vor Christus sich beugen werden alle Knie, die im Himmel und auf Erden und unter der Erde sind und alle Zungen bekennen, daß Jesus Christus der Herr sei zur Ehre Gottes des Vaters (Phil. 2,10-11). Dieses Bekenntnis der in der Unterwelt befindlichen Seelen ist in keiner anderen Weise zu deuten, als dies auch von der vernunftlosen Schöpfung gesagt wird: »Und jedes Geschöpf, das im Himmel ist und auf Erden und unter der Erde und auf dem Meer, und alles, was darin ist, hörte ich sagen: Dem der auf dem Thron sitzt, und dem Lamm sei Lob und Ehre und Preis und Gewalt von Ewigkeit zu Ewigkeit« (Offb. 5,13). Ferner ist zu fragen, ob die Anerkennung und das Bekenntnis, Christus sei der Herr, aus dem Mund von solchen kommt, die von den Tatsachen schließlich überführt wurden und nun gar nicht anders können, als sich geschlagen zu geben, oder ob das Bekenntnis aus der Freude des Glaubens geschieht. Nach Jakobus 2,19 glauben selbst die Teufel und zittern. Aber was ist das für ein Glaube?

Der Tod des Ungläubigen im Zwischenzustand

So gewiß für alle, die an den Herrn glauben, der Tod seinen Stachel verloren hat, so gewiß ist auch, daß für alle, die nicht aus dem geistlichen Tod zum ewigen Leben erweckt sind, der Tod als Sold und Strafe der Sünde seine Wirklichkeit im Zwischenzustand behält. Der Tod ist dann nicht Durchgang zur Auferstehung ins Leben, sondern Durchgang zur Auferstehung ins Gericht; denn wer nicht zu Jesus umkehrt, bleibt in seinen Sünden. Nur wer es für sich gelten läßt, daß Christus sich an seiner, des Sünders, Stelle, zur Sünde gemacht hat, darf sich dieses neuen, des ewigen Lebens freuen. Er lebt, wie Kierkegaard sagt, ohne Vergangenheit. Die Wahrheit, die Christus brachte, hat den Erlösten frei gemacht von ihm selber. Die Freude des Volkes Gottes liegt hier und dort, wie Kierkegaard sagt, allein darin, daß man sich mit der Vergangenheit der Sünden nie mehr abgeben muß.

Wer Gottes Angebot verwirft, wird erfahren, daß Gott sich nicht spotten läßt. Dieser Mensch ist nach seinem leiblichen Tod zwar noch nicht verdammt, aber unselig, weil er im Teufelskreis der Sünde gefangen liegt, ohne Gottes Nähe und Gemeinschaft. Er lebt werklos, aber wachend, bewußt, mit den Erinnerungen dieses Lebens und im unablässigen Gedenken seiner Sünde. Er denkt an die Verwerfung Gottes und des Heils. Dieser unselige zeitlose »Augenblick« wird aufgehoben mit dem Endgericht, wo die Verlorenen in den anderen Tod, in die Gehenna eingewiesen werden. Dante hat in der Göttlichen Komödie über das Tor zur Hölle die Inschrift gesetzt: »Ihr, die ihr hier eingeht, laßt alle Hoffnung draußen.«

Es gibt keine Gemeinsamkeit mehr

Die Schrift kennt keine Mittelklasse zwischen Gläubigen und Ungläubigen. Auch unterscheidet sie nie zwischen solchen, die im Glauben oder in unentschiedenem Zustand sterben. Sie kennt nur den Gegensatz des »in seinen Sünden sterben« (Joh. 8,24) und »des in dem Herrn sterben« (1. Kor. 15,18; 1. Thess. 4,16 u. a.). Nach dem Sterben werden seit Christi Opfertod die Seelen auch im Zwischenzustand geschieden. In dieser Geschiedenheit bleiben sie bis zum Jüngsten Tage.

Es sei hier noch auf einen weit verbreiteten Irrtum hingewiesen, der mir in der Seelsorge oft begegnet ist: Viele meinen, der Tod mache die Menschen ohne weiteres zu Engeln. So werden Tote von vielen Geistlichen selig gepredigt, die nach ihrer Lebensführung und Glaubensentscheidung sehr wahrscheinlich verlorengehen. Oft habe ich auch erlebt, daß man mir an Sterbebetten sagte, der Heimgegangene sei selig gestorben. Bei Überprüfung ergab sich, daß er ruhig gestorben war. Ruhig sterben kann man auch mit einer Morphiumspritze. Selig sterben kann man nur mit Jesus.

Entwicklungen im Heilsgeschehen

Auch der Satz, daß nichts wird außer auf dem Weg des Werdens, womit man eine Art transzendentaler Weiterentwicklung versteht, ist auf dem Boden des Unglaubens entstanden. Wäre es wahr, so gäbe es keinen Christus, kein Heil, keine Wiedergeburt, keine Absolution in Vollmacht, denn das alles wären »unnatürliche Sprünge«, in der Sprache der Evolutionstheorie Mutationen!

Das alles verhält sich zur Geschichte der Menschheit oder des Einzellebens nicht als Resultat natürlicher Entwicklung, sondern als in die Entwicklung des Menschen eintretendes Gotteswunder. Da wird von Gott etwas angefangen, was in der natürlichen Entwicklung nicht denkbar wäre, ja, ihr geradezu widerspricht. Wiedergeburt und Sündenvergebung sind nicht aus uns entwickelt, sondern Ereignisse durch das Wunder der Gnade Gottes in Christus. Nicht die Heiligung, sondern die vergebende Gnade wirkt die Vergebung der Sünden.

Es ist das Wunder der Gnade, daß sie ausreicht, den Schächer so zu verändern, daß er augenblicklich mit Jesus in den Himmel gehen konnte (Luk. 23,39ff.).

Im Kreuz Jesu Christi sind uns die Sünden vergeben – die Sünden, die wir getan haben, heute tun und noch tun werden, wenn wir bewußt kein Geheimnis mit der Sünde halten.

Der Eingang in das Paradies führt in den Stand der Schuldlosigkeit, der Reinheit, der Heiligung und der Gerechtigkeit Jesu.

Diese Gerechtigkeit und Reinheit erwerben wir nicht in einem Prozeß der Läuterung, sondern nur, indem wir das Geschenk der

Gnade in Jesus annehmen. Offenbarung 7,14 sagt, die Menschen werden selig, weil sie Kleider gewaschen und hell gemacht haben im Blute des Lammes – d.h. sie glauben an den für sie gestorbenen und auferstandenen Christus. Hebräer 12,22 bezeugt ebenfalls, daß die Seelen der in Christus Gestorbenen *nicht erst* gerecht *werden* oder zur Vollendung kommen, nein, *sie sind es,* wenn sie im himmlischen Jerusalem sind. Diese Gewißheit ist der einzige Trost, der im Sterben liegt.

Hermann Bezzel sagt: »Wenn du über einen Friedhof gehst und die verwitterten Kreuze ansiehst und die zerfallenen Steine betrachtest und kannst die Namen, die auf den mit Moos und Flechten überwucherten Steinen stehen, kaum mehr entziffern, dann erscheint dir der ganze Friedhof wie ein Akkord der Vergänglichkeit. Er erscheint dir wie der Hohn auf alles Bleibende des furchtbaren, alle Ironie in sich schließenden Bekenntnisses von Eitelkeit und Vergänglichkeit. Aber weil in unserem Ende Gottes Anfang liegt, steigt über diesen verwitterten, kaum lesbaren und kaum deutbaren Zeichen der Name ›Jesus‹ empor. Und statt der dich höhnenden Worte der Nichtigkeit: ›Es ist alles eitel!‹ hört deine Seele die majestätische ewige Wirklichkeit: ›Jesus lebt, nun ist der Tod mir der Eingang in das Leben‹, ›Jesus lebt, mit ihm auch ich; Tod wo sind nun deine Schrecken?‹«

Das ist es: Der Name Jesus heißt Seligmacher, Erlöser! Und wenn wir ihm andere, Namen höchsten Ranges gäben, wenn wir alles, was wir an Huldigung, an Anerkennung, an Lobpreis besitzen, auftürmen wollten, es würde das alles nicht an das eine schlichte Bekenntnis heranreichen: Gott ist mit uns – Gott ist Hilfe – Immanuel. Nachdem er uns von der furchtbaren Selbsttäuschung, von dem Rätsel des Menschentums, das er selber erlitt, durch sein Kreuz erlöst hat, ist er nun unser Weg von der Wirklichkeit in der Welt der Erscheinung zur Wahrheit in der Welt des Bleibenden. Indem er aus der zeitlosen Ewigkeit, die ihm gemäß ist, in diese Welt und durch die Welt ging, hat er auf engstem Raum, in der kleinsten Spanne Zeit – weil eben Raum und Zeit für ihn nur vorübergehende Begriffe waren – das von Menschen Unausdenkbare vollbracht: Er hat die Ewigkeit in die Zeit gebracht. Er hat sich selbst in Seinem Heiligen Geist mit uns verbunden. – Welches Wunder!

III. Der Tag Christi

1. So nah ist Christi Wiederkunft

Der Zwischenzustand der Toten wird aufgehoben mit der Wiederkunft Christi. Weil unser zwischenzuständliches Leben nach dem Tode zeitlos ist, werden wir nach der Todesstunde auch ohne Zeitbewußtsein – also unmittelbar – die Wiederkunft Christi erleben. Es ist deshalb überzeugend wahr, daß die Wiederkunft uns nahe ist, wie lange sie auch im Weltlauf und der chronologischen Zeit noch ausbleiben mag.

Die Wiederkunft des Sohnes Gottes steht deshalb genau in der Mitte zwischen dem, was wir sind, und dem, was wir sein werden. Sie wendet sich dem Bisherigen zu, daß es beendet wird, und gleichzeitig dem Künftigen, damit dieses in jenem vollendet wird. Die Wiederkunft Jesu ist der Markstein letztlich zwischen Zeit und Ewigkeit, Diesseits und Jenseits, Glauben und Schauen. Wir wollen hier versuchen, die entscheidenden Momente, die zum Verständnis des Tages Christi notwendig sind, herauszuarbeiten.

Vor einiger Zeit waren meine Frau und ich am Polarkreis. Wie überrascht waren wir, als wir um Mitternacht die Zeitung lesen konnten. Die Sonne sank bis an den Horizont und stieg gleich wieder auf. Dies Erlebnis hat mir geholfen zu verstehen – besser zu verstehen, was die Propheten meinen mit der ungeheuren Spannung, die »der Tag Jahwes« bringen wird. Sie können gleichzeitig sehen, was uns unvereinbar erscheint: »Zu der Zeit wird weder Kälte noch Frost noch Eis sein. Und es wird ein einziger Tag sein – er ist dem Herrn bekannt! –, es wird nicht Tag und Nacht sein, und auch um den Abend wird es Licht sein. Zu der Zeit werden lebendige Wasser aus Jerusalem fließen, die eine Hälfte zum Meer im Osten und die andere Hälfte zum Meer im Westen, und so wird es im Sommer und im Winter sein. Und der Herr wird König sein über alle Lande. Zu der Zeit wird der Herr der einzige sein und sein Name der einzige!« (Sach. 14,6–9; Offb. 11,15).

Es wird keine Nacht mehr sein

Weiter bezeugt der Seher von Patmos: »Und es wird keine Nacht mehr sein, und sie bedürfen keiner Leuchte und nicht des Lichts der Sonne, denn Gott der Herr wird sie erleuchten, und sie werden regieren von Ewigkeit zu Ewigkeit« (Offb. 22,5).

Wurde uns am Polarkreis der irdische Tag genauso von der Sonne bestimmt wie am Äquator – nur daß der Tag hier anders war als dort –, so wird »der Tag Jahwes«, wie ihn die Bibel beschreibt, nach Weg, Ziel und Vollendung ganz allein von der Lichtquelle alles Lebens, von der Sonne, die Jesus Christus heißt, bestimmt. Und wir erleben sie wie am Pol: Sie geht in alle Ewigkeit nicht unter. Sie schwankt noch nicht einmal in Licht und Wärme, diese Leuchte, das Lamm (Offb. 21,23). Alle Lebensbewegung vollendet sich im Bezug zu dieser Ewigkeitssonne (Vers 24).

Für das Verständnis der biblischen Schau ist es wichtig, den »Tag Jahwes« und den »Tag Jesu Christi« in ihrer Gleichzeitigkeit zu sehen. Hier geht es darum, sich die Perspektive bewußt zu machen.

Wer in Grindelwald Bergtouren macht, kennt vermutlich die Gefahr der Täuschung, wenn man sich in bestimmten Wetterlagen einbildet, der Eigergletscher sei einige Stunden entfernt, wo in Wirklichkeit die Entfernung ein Vielfaches beträgt. Warum? In der dünnen Luft rücken, je höher man steigt, die Dinge immer näher zusammen. Genauso ist es in der prophetischen Schau. Aus der Perspektive der Propheten haben nur die Dinge Bedeutung, die für die Erfüllung des Tages Christi wichtig sind. Die kairologische, die erfüllte Zeit, vollendet sich in der chronologischen, in der Erdenzeit und macht sie reif für die Stunde der Wiederkunft des Herrn. Und alles, was zur Heilszeit in dieser Unheilszeit gehört, ist Gegenwart, Vergangenheit und Zukunft in einem.

Es kann sein, daß der Prophet so sehr erfüllte Heilszeit sieht, daß diese – selbst in ferner Zukunft – für ihn schon Vergangenheit ist: »Uns *ist* ein Kind *geboren,* ein Sohn *ist* uns *gegeben*« (Jes. 9,5).

Wenn Jesus Matthäus 24 die Zerstörung Jerusalems in unmittelbarer Verbindung mit seiner Wiederkunft sieht und die dazwischenliegende Zeit völlig übergeht, dann deshalb, weil im Lichte der

Ewigkeit dies zwei zusammengehörende Brennpunkte sind – gleich, wie weit sie zeitlich auseinanderliegen: Das zerstörte Jerusalem des Jahres 70 und das neue Jerusalem von Offenbarung 21. Die Uhr der Zeit schlägt anders als die der Ewigkeit, und Jesus hat sein Werk nach der Uhrzeit Gottes vollendet.

Hier liegt auch der qualitativ unendliche Unterschied zwischen unserer Zeitenuhr und der Uhr Gottes. Jesus sagt deshalb: »Meine Zeit ist noch nicht da; eure Zeit ist allewege« (Joh. 7,6).

2. Unterwegs zum Endpunkt der Geschichte

Der Tag Jahwes im Alten Testament

Schon im Alten Testament vollendet sich der Tag Jahwes im Pendelschlag zwischen Gericht und Gnade. Diese Weissagungen greifen meistens über die zeitgeschichtliche Gegenwart hinaus und bewegen sich auf den Feind im Endpunkt aller Geschichte zu. So ist *der Tag Jahwes ein Tag des Verderbens, des Schreckens* (Joel 1,15; 2,11), *der Tag des Zorns* (Zeph. 2,2); *der große und schreckliche Tag* (Mal. 3,23), *ein finsterer, dunkler, wolkiger und nebliger Tag des Grimms* (Joel 2,2), *ein Tag der Angst und Beklemmung, ein Tag der Verwüstung und Zerstörung, Tag der Finsternis und des Dunkels, des Gewölkes und der Mitternacht, der Posaune und des Getümmels* (Amos 5,18.20; Jes. 13,6; Hes. 30,3f.).

Alle diese Ausdrücke liegen in der prophetischen Schau.

Der Christ im Neuen Testament

Die alttestamentlichen Weissagungen vom Tage Jahwes nimmt das Neue Testament wieder auf. Die Gedanken des Weltgerichts und des allgemeinen Endgerichts werden hier unterschieden (2. Thess. 2,8; Matth. 25,31f.; Luk. 19,11f.).

Was ist nun der Grund, was der Zweck und die Bedeutung der Wiederkunft Jesu? Das Gerichtsbild von Offenbarung 12,1–6 veranschaulicht uns die Erscheinung des Herrn als den, der die ungläubigen Massen der Letztzeit mit eisernem Stabe weiden und alle Feinde zum Schemel seiner Füße legen wird. Deshalb soll die Gemeinde Jesu in dem Abfall und den Zeichen des Endes die Geburtswehen der kommenden Welt erkennen und nicht verzagen, sondern die Häupter emporheben.

In Matthäus 13,30ff. und Offenbarung 14,14ff. wird das Bild von der *Ernte* gebraucht, die eingeholt wird. Die Ernte der Welt wird dann eingeholt, wenn alle schöpfungsmäßigen Potenzen im Glauben wie im Unglauben ausgereift sind.

Jesus wird kommen zur *Vernichtung des Antichristen und aller Gottesfeinde* (2. Thess. 2,8; Offb. 19,15; 1. Kor. 15,24–25).

Er wird kommen zur *Erlösung der Seinen* aus der Hand der Feinde und *sie aus allen Weltgegenden versammeln* (Matth. 24,35ff. und andere Stellen).

Er wird *die Toten auferwecken* (Joh. 6,39) und *die Lebenden verwandeln* (1. Thess. 4,15ff.).

Er wird zum *allgemeinen Endgericht* kommen (Matth. 25,31–46 und viele andere Stellen).

Er wird kommen, *die alte Welt zu vernichten* (2. Petr. 3,10–13) und *zur Herstellung der neuen.*

Er wird kommen und *Rechenschaft fordern und vergelten* (Matth. 25,19; Luk. 12,16ff.; Offb. 20,11–15).

Er wird *zur Aufrichtung seines Reiches* kommen (Matth. 16,28) und *zur Wiederherstellung alles Verheißenen* (Apg. 3,21).

Er wird kommen *zum Heil für die Seinen* (Hebr. 9,28), um ihnen in Liebe nahe zu sein und sie mit ewiger Freude und Wonne zu beschenken (1. Petr. 1,8 und 13).

Er wird kommen, *damit der Morgenstern aufgehe in den Herzen der Gläubigen* (2. Petr. 1,19).

Ja, er wird kommen *zu ihrer Verherrlichung* (Offb. 2,26–28), um *sie mit Ehren zu krönen* (1. Petr. 5,4).

Endlich wird er kommen, *um mit den Seinen das Abendmahl zu halten* (Offb. 3,20) und *damit die ewige Hochzeit mit seiner Brautgemeinde sich vollende* (Luk. 12,35ff.; Offb. 19,7).

Die Beschreibung der Wiederkunft Christi in ihren Bezeichnungen

Wie wird nun die Wiederkunft Jesu Christi bezeichnet? Meistens wird die Wiederkunft als das *Kommen des Menschensohnes* (21 mal im Neuen Testament) bezeichnet, oder auch als *Tag des Menschensohnes* (30 mal im Neuen Testament). Wie wir gesehen haben, geht dieser Ausdruck zurück auf die alttestamentliche Weissagung vom *Tage Jahwes*. Die Wiederkunft wird auch umschrieben mit Ausdrücken wie *Zeit der Ernte, Tag der Erlösung* oder *Zeit der letzten Posaune* (1. Kor. 15,52; 1. Thess. 4,16). Weil er die Toten und die Lebenden zum Gericht mit Hilfe des Posaunenschalls versammeln wird.

Der Herr wird wiederkommen, *gesandt vom Vater* (Apg. 3,20). Er wird wiederkommen *selbstwillig* (Joh. 14,3). Er wird *vom Himmel kommen* (Phil. 3,20; Apg. 3,21). Er wird *sitzen zur Rechten Gottes* (Matth. 26,64), die Geschicke der Welt so zu leiten, daß die Kunde alle Menschen erreicht. Aufgrund von Daniel 7,13 wird auch erwähnt, daß er *auf den Wolken des Himmels kommt* (Matth. 24,30; 26,64; Mark. 13,26; 14,62; Luk. 21,27; Offb. 1,7; 14,14). Matthäus 24,30 heißt es auch, daß *das Zeichen des Menschensohnes am Himmel erscheinen wird.*

Der Herr wird *vom Himmel auf die Erde kommen* (1. Thess. 4,16). Eine Ortsbestimmung läßt sich nicht finden.

Er »wird wiederkommen, *wie ihr ihn habt gen Himmel fahren sehen*« (Apg. 1,11). Wir dürfen daraus schließen, daß er in der menschlichen Gestalt wiederkommt, die er mit seiner Geburt angenommen hatte. Damit wird auch die wiederholte Betonung als »*Menschensohn*« verständlich. Im gleichen Sinne ist auch die Beschreibung von Offenbarung 14,14 zu verstehen.

Er kommt aber nicht bloß im verklärten Leib wieder, sondern auch *in der göttlichen Herrlichkeit.* Eine Fülle von Bibelstellen belegen diese Tatsache. Auf seinem Gewand steht »*König aller Könige; Herr aller Herren*« (Offb. 19,16).

In der Wiederkunft Jesu *offenbart sich der Gott-Mensch, der Menschensohn als Gottessohn* (Offb. 14,14) und schließt eben dadurch sein Erlösungswerk ab. Der in der Herrlichkeit des Vaters erscheinende Gott-Mensch *Jesus wird kommen mit seinen Engeln und mit dem himmlischen Heer* (Matth. 16,27; 25,31; Mark. 8,38; Luk. 9,26; 2. Thess. 1,7). Seine großmächtige Herrlichkeit wird ihn nicht nur als den über alles *Erhöhten* vorstellen, sondern ihn auch ausweisen als den *Vollstrecker des Gotteswillens,* die Erde einzuernten (Offb. 14,14–20) und das Gericht zu vollziehen (Offb. 19,14–21). Er wird *die Bösen und die Gerechten scheiden.*

Viele Bibelstellen, die darauf hinweisen, daß der Herr wiederkommen wird wie ein *Dieb in der Nacht* (1. Thess. 5,2; 2. Petr. 3,10; Offb. 3,3; 16,15), wie ein *Fallstrick* – plötzlich, unvermutet, überraschend (Luk. 21,34); daß er wiederkommen wird wie ein *Blitz* (Luk. 17,24), mit der *Stimme des Erzengels* und der *Posaune seiner Engel* (1. Thess. 4,16) sind wesentlich als Appell an die gläubige Gemeinde zu verstehen.

Deshalb seid wachsam!

Je eingehender die Bibel auf das endzeitliche Geschehen eingeht, umso eindringlicher werden ihre Ermahnungen an die Gemeinde zur Wachsamkeit. Die Gemeinde wird diese Prüfungszeiten nur bestehen können, wenn sie ihre Hoffnung einzig und allein auf die Gnade setzt, die durch IHN am Kreuz geworden ist.

Wenn nun die Parusie Jesu die Auferstehung der Toten zur Folge hat und alle Ereignisse, die diese Wiederkunft auslöst, zusammenfassend als *Tag des Herrn* beschrieben werden, dann dürfen wir nicht vergessen, daß das nicht im Sinne unserer Tagesfolge geschehen wird. Sicher kann man mit Recht sagen, daß die Ereignisse, die mit »dem Tag des Herrn« verbunden sind, nicht im Sinne von unserer Vorstellung von Zeit und Raum deutbar sind.

Zwischen dem *Abschluß der Zeit,* dem *Völkergericht,* der *Auferstehung der Toten,* der *Verwandlung der Lebenden,* dem allgemeinen *Endgericht* und dem *Weltende* und ihrer *Neuschöpfung* besteht eine sachliche Abfolge, die immerhin ein bestimmtes Nacheinander bedingt. Das Endgericht, das große Totengericht von Offenbarung 20, setzt die Auferstehung, die Erschaffung der neuen Welt und die Vernichtung der alten voraus. Die Ereignisse, die mit der Parusie verbunden sind, bringen das Bisherige zum Abschluß und stellen die ewige Vollendung her.

Im Buch der Offenbarung lesen wir, daß *der Herr,* wenn er kommt, *allem Bisherigen ein Ende machen wird:*

Der Kampf zwischen Sünde und Heil, Glaube und Unglaube hört auf.

Das Leiden seiner Gemeinde an ihrer geringen Kraft und ihrer Einsamkeit hat ein Ende (Offb. 15,1–4).

Der Teufel, der weiß, daß er wenig Zeit hat, und der, je näher das Ende kommt, die Verführungsmacht verstärkt, *wird endgültig entthront* (20,10).

Der leibliche Tod samt seinen Folgen wird durch die Auferwekkung der Toten und durch die Verwandlung der dann noch Lebenden aufgehoben (21,4).

Durch das Endgericht (20,11–15) wird *die Menschheitsgeschichte abgeschlossen* mit Himmel und Hölle.

Die ewigkeitliche Vollendung geschieht in einem neuen Himmel und auf einer neuen Erde (Kap. 21).

Alle zum ewigen Leben Berufenen kommen zur Vollendung im König- und Priestertum vor dem Throne Gottes. Das Teil des Teufels und der Verlorenen, derer, die die Sünde wider den Heiligen Geist begangen haben, ist die Gehenna, oder, wie Jesaja sagt, der Ort, da der Wurm nicht stirbt und das Feuer nicht verlöscht (Jes. 66,24; Mark. 9,48).

3. Die Sünde wider den Heiligen Geist

Wenn wir es der Liebe Gottes auch zutrauen, daß Gott niemand zu Unrecht verdammen wird und er niemand verdammt, dem nicht das Heil angeboten ist und die Möglichkeit der Bekehrung wie bei der Hadesfahrt Jesu oder auch im oder vor dem Endgericht, so sind doch ausgeklammert alle die, welche die Sünde wider den Heiligen Geist getan haben.

Hier liegt zweifellos für unser Leben und Sterben die größte Gefahr. Wer Christus begegnet ist und von ihm in vollmächtiger Verkündigung bei Namen gerufen wurde, für den bedeutet diese Begegnung Aufforderung zur Entscheidung – zu einer Entscheidung, mit der wir über die eigene Ewigkeit bestimmen. Die willentlich versäumten Gelegenheiten oder die bewußte Ablehnung von Gottes Heilsangebot werden uns zum Gericht. Der tote Namenschrist, der in diesem Leben Jesus verleugnet, wird auch nach seinem Tode am neuen Leben keinen Anteil haben, sondern ins Gericht kommen. Eine Kirche, die ihren Gliedern Mittelwege baut, wird der Herr ausspeien aus seinem Munde.

Was aber ist nun die Sünde wider den Heiligen Geist? Sie geschieht dann, wenn wir die Gnade draußen vor der Tür stehen lassen, weil wir sie trotz dringenden Anklopfens einfach nicht wollen. Oder sie geschieht dann, wenn wir ihre einladende offene Tür so lange ignorieren, bis sie endgültig zu ist.

Saul wurde verworfen, weil er den Befehl Gottes nicht ernst nahm (1. Sam. 15).

Zum Beispiel Herodes

Als Johannes der Täufer zu Herodes kam und ihm in Vollmacht sagte, daß es nicht recht sei, daß er sich die Frau seines Bruders genommen hatte, hätte Herodes noch aus dem Fallgesetz der Sünde aussteigen können. Aber das ehebrecherische Paar wollte nur eines: Den Mahner loswerden. Als der Kopf des Täufers in einer Ballnacht gefallen war, war die Tür der Gnade zu: Der nächste Mordplan galt Jesus selbst (Luk. 3,19.20; Matth. 14,1–12; Luk. 13,31.32); dann flachte das Interesse des Herodes an Jesus so weit ab, daß er nur noch ein unterhaltsames Wunder erwartete. Und als ihm Jesus das verweigerte, ließ ihn Herodes seine Verachtung und seinen Spott fühlen (Luk. 23,6–12).

So werden die Gelegenheiten, sich für Gott zu entscheiden, zu Gelegenheiten der Hölle, wenn wir sie mutwillig versäumen. Erst will man nicht, dann kann man nicht! In diesem Sinne wird alles Gericht Gottes zum Selbstgericht des Menschen.

Der biblische Bericht über die Begegnung des Herodes mit Jesus steht in Lukas 23,6–12:

»Als aber Herodes Jesus sah, freute er sich sehr, denn er hätte ihn längst gerne gesehen; denn er hatte von ihm gehört und hoffte, er würde ein Zeichen von ihm sehen. Und er fragte ihn viel. Er aber antwortete ihm nichts.«

Wenn Gott auf die Lebensfrage des Menschen keine Antwort mehr hat, ist der Mensch verloren. Da kann man seine theologischen und philosophischen Fragen an den Jesus der Bibel richten und ihn um Zeichen und Wunder bitten, doch da ist weder Stimme noch Antwort.

Kürzlich war ich von einem hochdekorierten Mann zum Kaffee eingeladen. Er bat mich, beim Kaffee mit einem Verwandten über das Eine, was not ist, zu reden. Als ich das mit Vorsicht und Takt versuchte, legte der mir plötzlich die Hand auf die Schulter und sagte: »Ich merke, worauf Sie hinauswollen. Aber Sie machen da einen vergeblichen Versuch; denn ich habe keine Antenne mehr für Gott.«

Solange man noch Angst hat, man könne die Sünde wider den Heiligen Geist begangen haben, die man als Gläubiger und als Ungläubiger begehen kann, hat man sie nicht begangen. Dann ist die Antenne noch da.

Wer das Wort nicht hören will, wird's nicht mehr hören können

Wer aber in der Gefahr ist, diese Sünde zu begehen, der hat keine Antenne mehr. Oder er schaltet bewußt nicht mehr auf Empfang. Oder der Apparat ist kaputt (s. Hebr. 10,19–39; 6,4–8; 2. Petr. 2,20; Luk. 12,10). Jesus sagt: »Jeder, der aus der Wahrheit ist, hört meine Stimme« (Joh. 18,37). Wer aber seine eigene Lebensfrage nach seinem Woher-Wozu-Wohin nicht ernst nimmt, der vegetiert in der Unruhe seiner Lebenslüge.

Der Bauer von Thekoa, Amos, hat diesen verlorenen Haufen, der Heimat sucht und nicht findet, so umschrieben: »Siehe es kommt die Zeit, spricht Gott der Herr, daß ich einen Hunger ins Land schicken werde, nicht einen Hunger nach Brot oder Durst nach Wasser, sondern nach dem Wort des Herrn, es zu hören; daß sie hin und her von einem Meer zum anderen, von Norden gegen Osten laufen und des Herrn Wort suchen und doch nicht finden werden« (Amos 8,11–12).

Die Sünde wider den Heiligen Geist ist für den ein unheimliches Geheimnis, der die Warnung nie ernst genommen hat, so daß er damit sein Seligwerden verspielte. Denn es ist ja nicht so, daß er diese Sünde in einem plötzlichen Anfall von Leichtsinn oder Böswilligkeit verübte – Gott ist ja kein Fahnder, der seine Leute so lange beobachtet, bis sie ihm ins Netz gegangen sind. Es handelt sich bei dieser Sünde um die vollverantwortliche Abkehr von Gott mit allen widergöttlichen Begleiterscheinungen: Schmähen des Namens Gottes und Verachtung seiner Herrschaft, die nicht mehr zur Kenntnis genommen wird und sich dann doch am Tage der Offenbarung von Gottes Weltregiment nicht mehr korrigierbar erweist.

Die Selbsttäuschung

Die allergefährlichste solcher Versündigungen mag die fromme Selbsttäuschung sein, die die Hingabe unter dem Kreuz nicht mehr gefunden hat. Wehe uns, wenn wir von der frommen Lüge nicht erlöst werden. Jesus sagt am Schluß der Bergpredigt: »Es werden nicht alle, die zu mir sagen: ›Herr, Herr‹, in das Himmelreich kommen, sondern die den Willen tun meines Vaters im Himmel. Es werden viele zu mir sagen an jenem Tage: Herr, Herr, haben wir nicht in deinem Namen geweissagt? Haben wir nicht in deinem Namen böse Geister ausgetrieben? Haben wir nicht in deinem Namen viele Wunder getan? Dann werde ich ihnen bekennen: Ich habe euch nie gekannt, weicht von mir, ihr Übeltäter« (Matth. 7,21–23).

Könnte es eine schlimmere Enttäuschung für uns, die wir mit Ernst Christen sein wollen, geben, als diese? Die Angst, zu diesem verlorenen Haufen zu gehören, der sich eingebildet hat, fromm zu sein, sollte uns wach halten. Vollkommenheit kann die Gemeinde Jesu nicht erreichen, aber das Zeugnis der völligen Hingabe sollte auch die Welt ihr zugestehen müssen.

> Mache dem Gedanken bange,
> ob er es auch ernstlich meint.
> Ob er einzig an dir hange,
> ob wir scheinen oder sein.

Dies ist eine ernste Anfrage auch an unsere Verkündigung.

Am Ende der Bergpredigt finden wir zwei Gründe als Ursache dafür, daß eine scheinbar fromme Welt verloren geht.

Jesus sagt zu den Frommen, die das »Herr, Herr!« so häufig vor sich herposaunen und nun im Gleichnis (doch nicht nur da) vor der Himmelstür stehen und reinwollen und aufgrund vieler guter Taten ein Anrecht darauf geltend machen: »Ihr habt den Willen meines Vaters im Himmel nicht getan.«

Was meint er damit? Wie leicht kann man den eigenen Willen mit dem Willen Gottes verwechseln! Mir ist in der Seelsorge oft bange geworden, wenn man sich einbildet, vom Heiligen Geist geführt zu sein, und es sind bei einer Überprüfung doch nur die Gefühle, das fromme, ungebrochene Ich. Man ist fromm, solange es nichts kostet. Wenn die Lebensgemeinschaft mit Christus jedoch nicht auch Sterbensgemeinschaft ist, kann die Selbsttäuschung zu einem bitteren Erwachen in der Ewigkeit werden.

Was heißt aber: den Willen Gottes tun?

Es heißt, die Not des anderen zu erleiden (Röm. 12,9ff.). Es kann bedeuten, auf Beförderung und Anerkennung zu verzichten.

Den Willen Gottes tun, das bedeutet: bereit sein, wie auf der Hochzeit zu Kana Wasser in leere Gefäße zu schütten, einfach im Glaubensgehorsam (Joh. 2,1ff.).

Den Willen Gottes tun bedeutet: viele Jahre Schafe hüten wie bei Mose: Aus der eigenen Zeitbestimmung herauskommen, bis die Stunde Gottes kommt (2. Mose 2 und 3).

Frucht ist nicht Erfolg

Der andere Grund, der zur großen Enttäuschung einer scheinbar frommen Welt vor dem Richterstuhl Christi führt, hat mit der Verwechselung von Erfolg mit Frucht zu tun. »Ein jeglicher Baum, der nicht gute Früchte bringt, wird abgehauen und ins Feuer geworfen. Darum: an ihren Früchten sollt ihr sie erkennen« (Matth. 7,12–20). Wie leicht verwechseln wir Erfolg mit Frucht! Ja, daran entscheidet sich die Nachfolge. Wenn Jesus viele Diener hat, aber wenige Nachfolger, dann ist das eben der Unterschied, daß der Diener Erfolg sucht und Anerkennung. Der Jünger bringt dadurch Frucht, daß er sich führen läßt, wohin nicht er will, sondern wohin ER will. Das Erfolgschristentum ist Selbstbetrug für die Ewigkeit. Das Christentum der Frucht allein wird bestehen vor dem Richterstuhl Christi. Wenn wir im Endgericht vor ihm stehen, werden wir nicht ein Gramm Frucht mehr haben, als uns durch das tägliche Sterben unter seinem Kreuz geschenkt wurde. Erfolge erarbeitet man sich. Frucht wird geschenkt. Deshalb haben Erfolge vor Gott kein Gewicht. Nur Früchte zählen. Weil die Gefahr in unserm Herzen so groß ist, daß wir dauernd nach Erfolg suchen, wo doch nur die Frucht zählt, kann uns diese nur geschenkt werden, wenn wir es in Buße und Bekehrung und in der Verbindlichkeit unter dem Kreuz Christi lernen: »Wenn das Weizenkorn nicht in die Erde fällt und stirbt, bleibt es allein; wenn es aber stirbt, bringt es viele Früchte« (Joh. 12,24).

Wer in dem Geheimnis lebt, daß er gestorben ist und ein Leben führt, das verborgen ist mit dem Gekreuzigten und Auferstandenen in Gott, der wird am Tag des Herrn hören: »Ei, du frommer und getreuer Knecht, du bist über Wenigem getreu gewesen, geh ein zur Freude deines Herrn!«

IV. Auferstehung und Verwandlung

1. Die Stunde ist da

Mit der Wiederkunft Jesu ist die Entwicklung der Kirche – der Gemeinde Jesu – als Kampf des Glaubens mit dem Unglauben zu Ende. Es gibt hinfort im Sinne von Vergangenheit, Gegenwart und Zukunft keine irdische Geschichte mehr. Der Tag Christi ist die erfüllte Stunde Gottes. Was die Schöpfungsordnung wollte, wird Vollendung in der Erlösungsordnung.

Mit der Wiederkunft Christi ist der Antichrist – über ihn haben wir im Sinne unseres Themas nicht gesprochen –, dieser letzte Versuch, aus dem Eigenen die natürliche Sehnsuchtshoffnung dieser Welt zu erfüllen, zu Ende. Auch die Stunde des Feindes, der wußte, daß er wenig Zeit hatte, ist vorüber.

Aber noch sind nicht alle Feinde überwunden. Der letzte Feind, der überwunden wird, ist der Tod und der Todeszustand (1. Kor. 15,24–26). Die Wiederkunft Jesu bringt nun alle dem Tode verfallenen Seelen, die im Zwischenzustand sind, zurück in das neue Leben der Auferstehung und gleichzeitig die Verwandlung der Lebenden. Die im Zwischenzustand befindlichen Seelen erhalten, wenn sie im Glauben gestorben sind, den Leib der Verklärung. Wenn sie im Unglauben verstorben sind, den Unleib der Verlorenen.

»Ich bin die Auferstehung . . .« – wer kann das glauben?

Daß diese Konsequenz der Auferstehung, die dem Begreifen so große Schwierigkeiten macht, angezweifelt und geleugnet wird, kann nicht befremden. Der lebendige Glaube geht durch den Urzweifel hindurch. So war es schon bei den Jüngern. In Weisheit 2,1 wird uns schon von Menschen berichtet, die das sagen: »Es gibt keine Heilung für den Menschen, wenn es mit ihm zu Ende ist. Und man weiß von keinem, der aus dem Hades erlöst wäre.«

In Markus 12,18.23; Lukas 20,27–33; Apostelgeschichte 4,2; 23,6–8 wird uns berichtet, daß die Sadduzäer die Auferstehung leugnen. Abgesehen von den Athenern, deren philosophisches Denken ihnen nicht erlaubte, die Auferweckung des Leibes anzunehmen (Apg. 17,18.32), ersehen wir aus dem ersten Korintherbrief (15), daß auch in der korinthischen Gemeinde die Meinung vertreten wurde, eine Auferstehung der Toten gäbe es nicht.

In 2. Timotheus 2,18 schreibt Paulus von Hymenäus und Philetus, daß sie die Ansicht vertreten, die Auferstehung sei schon geschehen. Ohne Zweifel haben wir es hier mit der Vorstellung zu tun, man müsse eine Auferstehung und Wiederherstellung des Leibes deshalb ablehnen, weil es bei der Auferstehung gar nicht um die leibliche, sondern allein um die geistliche Auferstehung gehe. Hier ist das Erwachen aus dem Sündenschlaf die Auferstehung. Sie wurde später kirchengeschichtlich von den Gnostikern vertreten, die dem platonischen Denken nahe standen.

Um solchen einseitigen Auslegungen den Riegel vorzuschieben – laut 1. Petrus 1,3 und Kolosser 2,12; 3,1 hat unsere Wiedergeburt mit der Auferstehung zu tun, ist aber nur ein, wenn auch äußerst wichtiges Teilergebnis –, hat die alte Kirche im apostolischen Glaubensbekenntnis ausdrücklich festgehalten: »Auferstehung des Fleisches«. Aber wie mancher andere schließt sich auch der Kirchenvater Origenes in der Frage der Auferstehung des Leibes nicht eindeutig der biblischen Schau an.

Doch gerade an diesem Punkt entscheidet sich fast alles: Ist Christus als der Erste auferstanden? Ist er – ist er nicht?

Vergebliche Erklärungsversuche

Die modernistische Theologie unserer Tage versucht sich hier in den wunderlichsten Auslegungen, um das Ärgernis der leiblichen Auferstehung Christi zu umgehen. All diese klugen Leute versuchen, die biblische Wirklichkeit nicht zu verraten und verlieren sie dann ganz aus dem Blick. Am Ende kommen sie mit ihren Theorien wie ein Bumerang doch nur zu sich selbst und den eigenen Gedanken zurück, so daß man ihnen das gleiche sagen kann, was der Herr den Sadduzäern sagte (Mark. 12,24): »Ihr kennt die Schrift nicht, noch die Kraft Gottes.« Schon der große Däne Kierkegaard hat gewußt – und wir meinen, aus eigener Erfahrung –, daß man diese unmögliche

Möglichkeit der leiblichen Auferstehung nur glauben kann, wenn man die Bedingung erfüllt: »Wer *tun* wird, was ich sage, der wird *erfahren*, daß ich es bin« (Joh. 8,28ff.).

Die Verlorenen haben in Sekundenschnelle begriffen, daß er es ist: Gottes Sohn. Sie haben das nicht auf dem Wege eigener Vernunft noch Kraft begriffen, sondern weil sie das Risiko eingingen, den Teufelskreis von Sünde und Schuld zu durchbrechen. Und weil sie den Mut hatten, sich der ewigen Wahrheit in Jesus mit der existenziellen Wahrheit ihrer gelebten Lebenslüge zu stellen.

Wer Gottes Willen tun will, wird ihn erleben

Zachäus wollte wissen, wer Jesus wäre. Jesus rief den Unbekannten bei Namen. Dieser erfuhr damit eine Umwertung aller Werte: Seinem Haus war Heil widerfahren, und er wußte, wer Jesus war. Wie ging das zu? Jesus war das Licht seines Lebens geworden: Sich in diesem Licht sehen und in Seiner Kraft alles verändern, war eins (Luk. 19).

Genauso erging es der Samariterin. In seiner göttlichen Seelsorge überholte sie der Herr: Er verstand sie besser, als sie sich selber verstehen konnte. In Ihm konnte sie sich zum erstenmal in ihrem Leben wirklich begreifen. Als das geschah, wußte sie, wer Jesus war. Sie ließ ihren Krug stehen, vergaß das Mittagessen und ging in die Stadt und rief: »Kommt und seht, ob der, der mir gesagt hat, wer ich bin, nicht der Christus Gottes ist« (Joh. 4).

So erlebte es Nathanael, der Mann voller Skepsis und Ablehnung. Was konnte aus Nazareth schon Gutes kommen! Aber was tat Jesus? Er schoß wie Karl May um die Ecke: »Als du unter dem Feigenbaum warst, da sah ich dich.« Dieser Augenblick, als sich Nathanael mit dem Geheimnis seiner Sünde und Schuld in das ewigkeitliche Licht des Auges Jesu gestellt sah, bewirkte in Sekundenschnelle das Bekenntnis: »Du bist Gottes Sohn« (Joh. 1,45ff.).

Keine Philosophie, Theologie oder irgendeine Wirklichkeitsdeutung im Bereich verstandesmäßiger Erkenntnis kann die Gottessohnschaft Jesu beweisen oder erklären. Der einzige Beweis, der für Leben und Sterben zureichend ist, ist in Buße und Hingabe unter seinem Kreuz zu finden.

2. Beide Testamente beglaubigen die Auferstehung

Gott ist Gott, der Allmächtige, der auch die Toten erwecken kann (Apg. 26,8; Hebr. 11,19). Diese Gewißheit hat auch das Alte Testament (Jes. 26,19; Psalm 16,10; Dan. 12,2). Man kann sogar sagen, daß das Alte Testament ein Fortleben nur in der Form eines Herauskommens aus dem Hades durch Auferstehung kennt. Wir sehen ja auch, daß zur Zeit Christi nicht bloß die Pharisäer die Auferstehung lehren, sondern auch das Volk an sie glaubt. Im Volksglauben hielt man zeitweilig Jesus für den auferstandenen Johannes, Elias oder Jeremias. Im Neuen Testament, in dem der Herr durch seine eigene Auferstehung auch die aller Menschen verbürgt hat und der Erstling der Auferstehung geworden ist, wird die Verheißung der Auferstehung aus den Gräbern immer wieder bezeugt. Der Herr weist die Leugnung der Auferstehung durch die Sadduzäer mit dem Argument zurück, daß die Glieder des Volkes Gottes notwendig auferstehen müssen, weil der lebendige Gott ein Gott der Lebenden ist. Er kann die Glieder seines Volkes nicht im Todeszustande lassen (Matth. 22,23–32).

Jesus sagt: »Ich lebe, und ihr sollt auch leben!« (Joh. 14,19) Ferner bezeugt er, daß die Toten die Stimme des Sohnes Gottes hören und leben werden (Joh. 5,25–28). Das Glaubensbekenntnis besteht also mit vollem Recht im Sinne von 1. Korinther 15 auf dieser Gewißheit.

Wann erfolgt die Auferstehung?

Wie ist es nun mit der Zeit der Auferstehung? Die Schrift nennt den auferstandenen Herrn den Erstling der Auferstehung (Apg. 26,23; Kol. 1,18; Offb. 1,5; 1. Kor. 15,20). Wir dürfen also annehmen, daß es vor Christus keine Totenauferstehung gab. Die im Alten Testament berichteten Totenauferweckungen durch Elia und Elisa haben nichts mit der Auferstehung zu tun; es handelt sich bei ihnen um Zurückrufung in das irdische Leben und nicht um die Versetzung in die Unverweslichkeit. Dasselbe gilt für die Auferweckung des Lazarus (Joh. 11), von Jairus' Tochter (Mark. 5,25ff.) und der in der Apostelgeschichte bezeugten (Apg. 9,36–43). Das Neue Testament bezeugt eindeutig, daß die allgemeine Auferstehung bei der Wiederkunft Jesu erfolgen wird (1. Kor. 15,23; Phil. 3,20–21).

Gleichzeitig mit der Auferstehung der Toten erfolgt die Verwandlung all derer, die die Wiederkunft Jesu als Lebende erleben (1. Thess. 4,17; 1. Kor. 15,52). Die Bibel verbindet mit dieser Tatsache gleichzeitig das Zeugnis von dem Endgericht. Das Gericht kann erst erfolgen, wenn die Menschen aus dem Zwischenzustand den verklärten Leib bekommen haben. Das geschieht nicht im Stadium einer Entwicklung, sondern im überzeitlichen Sinne momentan.

Abzulehnen ist deshalb nach der Schrift die Auffassung des Kirchenvaters Tertullian, daß die Auferstehung sukzessiv und in Abständen erfolge. Ebenfalls ist abzulehnen seine Meinung, daß es eine sakramentale Wirkung von dem Leib auf die Seele gäbe und daß dieser Heiligungsprozeß an der Auferstehung mitbeteiligt sei. *Die Auferstehung ist ausschließlich Gottes Tat.* Auch von Jesus heißt es, daß Gott ihn auferweckt hat (1. Kor. 6,14). Wenn die Schrift sich auch so ausdrückt, daß Jesus aus eigener Kraft auferstanden sei, so ist zu bedenken, daß der Sohn wie der Vater das Leben ist (Joh. 5,26). Jesus kann das Leben lassen und nehmen als der ewige Sohn Gottes (Joh. 10,17). Da aber der Tod Jesu kein Schauspiel war, sondern Gottverlassenheit, so auch wirklicher Tod. Und danach erfolgt die Rückkehr des Versöhner-Gottes zum Vater, um eins zu sein mit IHM.

Wer wird auferstehen?

Die Auferstehung der Toten ist allein göttliches Tun. Die einen werden auferstehen zum ewigen Leben, die andern zur ewigen Schmach und Schande (Dan. 12,2). Weil auch die Ungläubigen auferstehen, ist eine heiligende oder sakramentale Einwirkung auf sie im Zwischenzustand auszuschließen.

Daß nun alle Menschen auferstehen werden – diese Annahme finden wir im Alten Testament noch nicht. Der Herr verkündet sie aber unwidersprechlich: Alle, die in den Gräbern sind, werden aus ihnen auferstehen (Joh. 5,25–29). Auf diese Tatsache gründet sich Offenbarung 20,12–15: Hierzu gehören auch all die Bibelstellen, nach denen alle Völker und alle Toten vor dem Richterstuhl Christi versammelt werden. Dabei gibt es immer wieder Bezüge zwischen alt- und neutestamentlichen Stellen, wie z.B. Jeremia 51, Offenbarung 17 und 18 usw.

Ausgenommen von dieser Auferstehung sind solche, die den leiblichen Tod nicht erduldet haben, wie Henoch, Elia und alle jene Frommen, die zur Zeit der Wiederkunft Jesu noch leben und nicht auferweckt, sondern verwandelt werden – nach jenen (1. Thess. 4,16ff.).

Was wird auferstehen?

Einig sind sich alle Kirchen darin, daß der Leib auferstehen wird, wie wir ihn in diesem Erdenleben getragen haben, d.h. unverwechselbar sind wir dort, wer wir hier sind – jedoch mit unverweslichem und verklärtem Leib. Die Seele erhält nach dem leiblosen Leben im Zwischenzustand den Körper wieder; die Auferstehung geschieht also durch die Vereinigung von verklärtem Leib und erlöster Seele zur Erneuerung des ganzen Menschen. Alle Schriftstellen erlauben die Annahme, daß wir mit dem Leibe, den wir in der Auferstehung bekommen, keinen anderen verstehen müssen als den, den wir hier haben, nur nicht mehr an den Raum, den Stoff und die Zeit dieser Welt gebunden – also nicht mehr irdirsch, nicht mehr vergänglich. Das bedeutet andererseits, daß wir unsere Vorstellungskraft nicht bemühen müssen; es wäre umsonst. Und doch muß dieser Leib erkennbar sein, das bezeugt die Beschaffenheit des Leibes des auferstandenen Herrn (Matth. 28; Mark. 16; Luk. 24; Joh. 20,21; Apg. 1), obwohl wir von seinem Herrlichkeitsleib durch die Beschreibung seiner Jünger sicher nur eine schwache Vorstellung haben können – so auch von dem unsrigen; wobei noch nachzutragen ist, daß Jesu Herrlichkeitsleib irdischen Augen erkennbar sein mußte, so daß noch nicht sicher ist, wie ein solcher Herrlichkeitsleib aussehen wird, der auf keinerlei irdische Verhältnisse mehr Rücksicht nehmen muß, dann, wenn alles neu ist.

Und doch will das apostolische Zeugnis davon, daß unser Leib durch die Auferstehung aus dem Verweslichen zur Unverweslichkeit verwandelt wird, in uns eine Vorstellung von diesem Unvorstellbaren wecken (1. Kor. 15; Phil. 3,21).

Der Vergleich mit dem Samenkorn, von dem neuerdings wieder

die Rede ist und der schon auf Tertullian zurückgeht, trifft jedoch nicht zu. Man sagt: Wie beim Samenkorn der Keim, wenn das Korn stirbt, unzerstörbar bleibt, so auch eine keimhafte Substanz, aus der sich der Auferstehungsleib herausbilde. Doch Unsterblichkeit empfängt der Gläubige durch die Wiedergeburt eben nicht für den Leib. 1. Korinther 15 weist ausdrücklich darauf hin, daß Gott es ist, der einem jeglichen Samen den Leib gibt, der für ihn bestimmt ist, und da wir schon am Anfang festgestellt haben, daß der Mensch eine Einheit von Geist, Seele und Leib ist, haben wir auch hier Keim und Samen nicht zu trennen; es geht immer nur um eine Art Zeitverschiebung, da die Wiedergeburt des Gläubigen schon vollzogen, der Heilige Geist schon empfangen ist. Und so muß dies Sterbliche das Unsterbliche anziehen, und so ist der Tod verschlungen vom Sieg (1. Kor. 15).

Die Bibel sagt uns nicht alles und doch so viel!

Zu beachten haben wir auch, daß alle Schriftaussagen zwar grundsätzlich in der Auferstehungsfrage einig sind, sich aber auf bestimmte Dinge nicht abfragen lassen. Es liegen zum Beispiel keine Aussagen vor über die Gestalt nach der Auferstehung. So wird in Matthäus 22,30 zwar das ganz Wichtige gesagt, daß die generationsweise Fortpflanzung des Menschengeschlechtes mit der Auferstehung aufhören wird. Es erscheint aber bedenklich, wenn man daraus folgert, daß die Unterschiede zwischen Mann und Frau in der Auferstehung aufgehoben wären, da damit die Persönlichkeit, die Identität verlorenginge. Der Mann wird ganz Mann sein und die Frau ganz Frau, und ihre geschlechtsspezifischen Kräfte werden auf Gottes Reich und Herrlichkeit und auf sein Lob ausgerichtet sein.

Wenn es jedoch im Galaterbrief heißt: »Hier ist nicht Jude noch Grieche, hier ist nicht Mann noch Frau; denn ihr seid allesamt einer in Christus Jesus«, dann bezieht sich Paulus auf das unterschiedslose Sein in Christus, Abrahams Kinder, die einen wie die andern. Die Ehe jedoch – das zeigt das von den Sadduzäern eröffnete Scheidungsgespräch mit Jesus (Luk. 20,27), wird aufhören, und Heirat gibt es dort nicht mehr, so daß auch Verwandtschaft im Leben des Auferstandenen kaum noch eine Rolle spielen kann.

Allgemein können wir aufgrund der Schriftstellen nur sagen, daß durch die Erneuerung der Auferstehungsleib mit allen seinen Organen neu ausgerichtet wird. Die Organe erhalten ihre Funktionen von der Heilsökonomie losgelöst und verwandelt zum Gebrauch für die Vollendungsökonomie. Die Substanz unseres Leibes soll und muß erneuert und für den veränderten Dienst zugerichtet werden.

Ein Leib aus Fleisch und Blut?

Eine Reihe von Schriftstellen lassen uns den Auferstehungsleib als aus Fleisch und Blut bestehend denken: Der Leib des auferstandenen Herrn hatte Fleisch und Blut (Luk. 24,39). Wenn der Herr sagt, daß die Jünger in seinem Reiche an seinem Tische essen und trinken sollen, oder daß er in seinem Reich das Gewächs des Weinstocks mit ihnen trinken und das Manna vom Holz des Lebens essen werde, dann ist gewiß, daß er solche bildlichen Ausdrücke nicht hätte gebrauchen können, wenn es nicht solche leiblichen Funktionen in der Vollendung gäbe (Offb. 3,20; Matth. 26,29 u. a.). Doch welcher Art werden »Fleisch« und »Blut« sein? Wir können uns die himmlische Qualität, die unserer groben Stofflichkeit so fremd sein wird, nicht vorstellen.

Wenn wir weiter in der Schrift lesen, daß wir in der Vollendung Gott schauen und den Herrn sehen werden, dann ist das ohne eine verklärte Leiblichkeit nicht denkbar. Auch die Vollendungsmöglichkeit zum Guten wie zum Bösen setzt voraus, daß die Leiblichkeit erhalten bleibt.

Die Auferstehung der Menschen ist biblisch im engsten, sachlichen und zeitlichen Zusammenhang mit der Erneuerung des ganzen Kosmos zu denken (Röm. 8,19–22; 2. Petr. 3,13). Sie ist das Präludium der Vollendung. Die neue Erde soll zur Bleibestätte der neuen Menschheit werden. Die Auferstehung soll die Menschen zum Wohnen auf der neuen Erde verwandeln. Nun ist aber weder der Untergang der alten Erde eine Vernichtung, noch ihre Erneuerung eine Neuschöpfung, sondern die alte Erde wird in die neue umgewandelt, verklärt werden. Die Verklärung des neuen Leibes geschieht also im Zusammenhang damit. Die Schöpfungsordnung Gottes (1. Mose 2,7) sucht hier ihre Vollendung (1. Kor. 15,52; 2. Kor. 3,18).

Wie ist nun das Verhältnis zwischen dem Auferstehungsleib und der Seele. Die Seele wird, nachdem sie wiedervereinigt ist mit dem Leib, bestimmend auf ihn einwirken. Dabei wird sich die seelische Ausprägung bei den Frommen in umgekehrter Richtung auswirken wie bei den Gottlosen: Wer böse ist, der sei fernerhin böse! Wer fromm ist, der sei fernerhin fromm! (Offb. 22,11)

Die Ausrichtung der Auferstehungsleiber entspricht also der gelebten Existenzmitte im Diesseits.

3. Das Weltgericht

Und ich sah einen großen, weißen Thron und den, der darauf saß; vor seinem Angesicht flohen die Erde und der Himmel, und es wurde keine Stätte für sie gefunden. Und ich sah die Toten, groß und klein, stehen vor dem Thron, und Bücher wurden aufgetan. Und ein andres Buch wurde aufgetan, welches ist das Buch des Lebens. Und die Toten wurden gerichtet nach dem, was in den Büchern geschrieben steht, nach ihren Werken. Und das Meer gab die Toten heraus, die darin waren, und der Tod und sein Reich gaben die Toten heraus, die darin waren; und sie wurden gerichtet, ein jeder nach seinen Werken. Und der Tod und sein Reich wurden geworfen in den feurigen Pfuhl. Das ist der zweite Tod: der feurige Pfuhl. Und wenn jemand nicht gefunden wurde geschrieben in dem Buch des Lebens, der wurde geworfen in den feurigen Pfuhl (Offb. 20,12–15).

Denn so sprach zu mir der HERR, der Gott Israels: Nimm diesen Becher mit dem Wein meines Zorns aus meiner Hand und laß daraus trinken alle Völker, zu denen ich dich sende (Jer. 25,15).

Werde wach, werde wach, steh auf Jerusalem, die du getrunken hast von der Hand des HERRN den Kelch seines Grimmes! Den Taumelkelch hast du ausgetrunken, den Becher geleert (Jes. 51,17).

Der wird von dem Wein des Zornes Gottes trinken, der unvermischt eingeschenkt ist in den Kelch seines Zorns, und er wird gequält werden mit Feuer und Schwefel vor den heiligen Engeln und vor dem Lamm (Offb. 14,10).

Denn siehe, bei der Stadt, die nach meinem Namen genannt ist, fange ich an mit dem Unheil, und ihr solltet ungestraft bleiben? Ihr sollt nicht ungestraft bleiben, denn ich rufe das Schwert über alle herbei, die auf Erden wohnen, spricht der HERR Zebaoth (Jer. 25,29).

Denn die Zeit ist da, daß das Gericht anfängt an dem Hause Gottes. Wenn aber zuerst an uns, was wird es für ein Ende nehmen mit denen, die dem Evangelium Gottes nicht glauben? (1. Petr. 4,17)

Eine neue Seinsweise in Zeit, Raum und Geschichte

Es ist zu beachten, daß die Auferstehung mit der Erneuerung keineswegs schon die Vollendung ist. Dadurch, daß die Seele die Privatisation des Zwischenzustandes nun wieder verliert, lebt sie nicht mehr leiblos, zeitlos und werklos; sie gewinnt wieder Aktion in Raum und Zeit, die allein vom Tag des Herrn bestimmt sind. Wer in diesem »Tag des Herrn« lebt wie Johannes auf Patmos, für den läuft Geschichte unter ewigkeitlichem Vorzeichen – und ist dennoch wieder Geschichte.

Wie ganz anders die Gesetze der göttlichen Raum- und Zeitordnung sind, ersehen wir aus den Auferstehungsberichten über den Herrn. Er konnte gleichzeitig in Jerusalem und Emmaus sein. Er konnte durch verschlossene Türen gehen – das Geheimnis ist groß, wer kann es ergründen? Wenn der niedere Leib der Gläubigen dem Herrlichkeitsleib Christi gleichgestaltet wird, dann beweisen die Ausdrücke, die die Schrift gebraucht, daß es hier nicht etwa um eine menschlich gedachte Wandlung oder Entwicklung, sondern allein um eine allmächtige Tat Gottes geht.

Die Vollendung bereitet sich vor

Wir halten nun fest, daß in der Auferstehung nicht nur die Leiber der Gläubigen, sondern auch die der Ungläubigen erneuert werden, damit sowohl die einen als auch die andern das ihnen beschiedene Leben in der Vollendung zu tragen vermögen. Auch werden die Auferstehungsleiber insoweit von gleicher Beschaffenheit sein müssen, als die einen wie die anderen für die Vollendung in der Ewigkeit bestimmt sind. Aber ebenso gewiß wird es auch Verschiedenartigkeiten geben müssen, weil die Vollendung der Gottlosen eine ganz andere als die der Frommen sein wird. Es ist also nicht auszuschließen, daß bei der Neuschöpfung der Seelenzustand derer, die den Herrn und sein Heil in der Gnadenzeit gefunden haben, ein anderer ist als bei denen, die ihn verworfen haben, so daß das Vorleben also eine bestimmte Einwirkung auf das Resultat der Auferstehung bringen könnte.

Was der Feind in der Schöpfungsordnung durch die Sünde des Menschen vernichtet oder korrumpiert hat, das wird in der Erlösungsordnung wiederhergestellt und vollendet erneuert. Es wird so vollendet, daß die neue Erde dem Menschen als Bleibestätte dient, und daß darüber hinaus diese Bleibestätte mit dem Himmel so eng verbunden ist, daß das neue Jerusalem vom Himmel auf die neue Erde herabkommt mit dem Tempel und damit auch mit Gottes Wohnung.

Welche Verwandlung! Hier nun sollen die Gläubigen Gott dienen; so wird auch ihr Leib zum Organ ihres Vollendungslebens und zum Werkzeug, damit sie ihren Dienstauftrag erfüllen können.

Dem Herrn gleich sein

Dem neuen Leib ist alles abgenommen, was die Schädigung durch die Sünde hervorgebracht hat. Ihm ist alles beigelegt, was für das neue Leben nötig ist. Die Schrift bezeugt uns, daß unser Auferstehungsleib dem Herrlichkeitsleib des Herrn gleich sein wird (1. Kor. 15,43ff.; Phil. 3,20f.). Es werden also die Eigenschaften, die der auferstandene Herr an seinem Leibe zeigt, auch vorbildlich für unseren Auferstehungsleib sein.

Was sind das für Eigenschaften?

Die Verweslichkeit wird *Unverweslichkeit*, die Sterblichkeit wird *Unsterblichkeit* »anziehen« (1. Kor. 15,53.54). Das ganze Verderben, das die Sünde im Gefolge hatte und sich durch Krankheit und Tod am Menschen vollzog, ist endgültig von ihm genommen. Die Hinfälligkeit des Leibes ist beseitigt. Durch die Auferstehung ist der letzte Feind, der leibliche Tod überwunden. Die Auferstehungsleiber der Gläubigen werden hinfort nicht sterben können. Das konnte von dem Leibe Adams vor dem Sündenfall nicht gesagt werden (Joh.

11,26; Röm. 6,9–11). Auch der zweite Tod wird über sie keine Macht haben (Offb. 21,4).

Vorüber wird auch sein die Ordnung, die Gott zur Fortpflanzung des Menschen gegeben hat. Die Auferstandenen werden nicht freien, noch sich freien lassen, sondern in dieser Beziehung den Engeln gleich sein (Luk. 20,36). Ferner wird der neue Leib Unschuld und Gerechtigkeit und die Klarheit des innewohnenden Heiligen Geistes ausstrahlen. Die Herrlichkeit des Herrn wird sich in den Gläubigen widerspiegeln (2. Kor. 3,18). Die Gerechten werden leuchten wie die Sonne in ihres Vaters Reich (Matth. 13,43), wie des Himmels Glanz, und die, die viele zur Gerechtigkeit führten, wie die Sterne immer und ewiglich (Dan. 12,3).

Dem Auferstehungsleib sind die manigfachen Schwächen dieses Leibes fremd. Armut, Hunger, Durst, Leid, Tränen wird es nicht mehr geben (Offb. 21,4). Der neue Leib ist nur darauf ausgerichtet, seinen herrlichen Dienst in der Berufung zum König- und Priestertum vor Gott ewig zu erfüllen. Der Auferstehungsleib bliebe nicht Leib; die neue Erde bliebe nicht Erde, wenn sie nicht unter Zeit und Raum ständen. Aber Zeit und Raum werden dort andere Dimensionen und andere Bezüge haben.

Die Anschaulichkeit des neuen Leibes wird uns am besten an Jesus Christus, dem Erstling der Auferstehung, gezeigt. Freilich müssen wir wohl die Allgegenwärtigkeit, die dem Gottes- und Menschensohn zukommt, ausnehmen. Aber der Auferstehungsleib Jesu war sinnenfällig, sichtbar, greifbar (Matth. 28,9; Mark. 16,14). Jesus spricht, und die Jünger hören und verstehen ihn (Luk. 24,36f.). Jesus hat als Auferstandener Hände und Füße, Fleisch und Bein. Er ißt und trinkt (Luk. 24,39–43; Apg. 10,40–41). Jesus hat dieselben Glieder, mit denen er starb (Joh. 20,21). Mit andern Worten, Jesus hatte den gleichen Leib, mit dem er auf Erden lebte.

Doch – obwohl Jesus auch als Auferstandener an der Gestalt wohl zu erkennen war, so erkennt ihn Maria doch nicht an der Gestalt, sondern an der Stimme. Zuweilen erkennen sie ihn auch gar nicht oder erst an der Gebärde. Und wenn das bei den Emmausjüngern auch auf die gehaltenen Augen zurückgeführt wird, so erscheint er doch zu anderen Malen in einer anderen Gestalt (Mark. 16,12; Luk. 24,15) und muß sich erst offenbaren (Mark. 16,14; Joh. 21,2ff.). Of-

fenbar kommt dem Auferstandenen Räumlichkeit und Sinnenfällig-
keit unter ganz anderen Bedingungen als uns jetzt an. Außerdem
geht er (Joh. 20,19.20.26) durch verschlossene Türen. Nach Apostelgeschichte 1,9 erhebt sich Jesus in die Wolken. Das gleiche wird auch
den Auferstandenen und Verwandelten in Aussicht gestellt (1. Thess.
4,17).

Das Himmlische geht über unser Vorstellungsvermögen

Die Auferstandenen werden nicht den Auferstehungsleib von Engeln oder Geistern tragen. Sie werden richtige Menschenleiber sein.
Sie sind entkleidet der groben irdischen Materialität. Sie sind derge-
stalt durchgeistet, daß sie nicht nur ihrer Seele, sondern auch dem ihnen innewohnenden Heiligen Geist immer und in allem zu Dienst
und Willen sein werden. So leben sie mit dem neuen verklärten Leib,
der dem Auferstehungsleib Jesu gleich ist, in der Gemeinschaft mit
dem Herrn; sie wohnen bei ihm und werden ihn sehen können, wie
er ist (1. Joh. 3,2; Offb. 21,3 usw).

Diese einander scheinbar widersprechenden Aussagen zeigen,
daß auch die Aussagen der Schrift über die Beschaffenheit und Existenzweise des neuen Leibes nicht ausreichen, um uns ein vollständi-
ges Bild zu geben. Es wäre töricht, hier weitere Fragen zu stellen
oder sich Phantasien hinzugeben, deren Wirklichkeit nichts verbürgt.

Wir dürfen auch nicht vergessen, daß die Aussagen der Schrift
versuchen, das eigentlich Unsagbare sagbar zu machen. Auch die
gleichnishaften Bilder können die Seinswirklichkeit der anderen
Welt nicht ausschöpfen. Gewiß ist jedenfalls, daß die auferstandenen
Gläubigen auch nach der leiblichen Seite hin vollkommene Menschen sein werden (1. Kor. 13,10; Eph. 4,13).

Die Auferstehung der Verlorenen

Ganz anders ist es mit den Auferstehungsleibern der Gottlosen. Die
Schrift sagt aus, daß die Gottlosen nicht zum Leben, sondern zum
Gericht auferstehen sollen (Dan. 12,2; Joh. 5,29). Sie sagt aus, daß
dieses Gericht ein ewiges sein und auch von ihrem Leibe mitzuempf-
inden sein wird. Sie werden an einen Ort und in einen Zustand ver-

setzt, da »ihr Wurm nicht stirbt und ihr Feuer nicht verlöscht« (Matth. 10,28; Mark. 9,44).

Durch diesen Gerichts- und Strafzustand werden sie auf ihre Art vollendet werden. Dieser Zustand des zweiten Todes setzt voraus, daß ihre Leiber so auferstehen, daß sie diesen Zustand ewig und ohne daß der Leib zerstört wird, ertragen können. Im übrigen können wir auf die Auferstehungsleiber der Verlorenen nur vergleichende Schlüsse ziehen, indem wir heraushören, was im Unterschied zu den Erlösten, sie, die Verlorenen, nach der Bibel nicht erlangen werden.

Von einem himmlischen Wesen kann bei ihnen keine Rede sein. Und wenn wir nicht Phantasien zum Opfer fallen wollen, dann beschränken wir uns auf die Aussage, daß die gottlos Verstorbenen an ihrem Auferstehungsleib den Charakter ihres inneren ungöttlichen Wesens tragen werden. Alles Leibliche hat dabei die Bestimmung, Bild und Ausdruck des Inneren zu sein – eines unerlösten, in sich selbst gefangenen, von aller Erfüllung abgeschnittenen Inneren.

Die den Ruf nicht erhalten haben

Endlich ist zu bedenken, daß die Auferstehung nicht bloß Gläubige und Gottlose, sondern auch solche umfassen wird, die in diesem Leben nicht zum Heil berufen wurden – entweder weil sie außer Rufweite waren oder die bestellten Rufer den Ruf nicht so ausgerichtet haben, wie sie es hätten sollen. Welche Leiber diese in der Auferstehung empfangen werden, sagt uns die Schrift nicht. Sie liegen allein im Urteil Gottes, wie ER im Endgericht entscheidet.

Die Verwandlung der noch Lebenden

Parallel zur Auferstehung der Toten erfolgt die Verwandlung derer, die bei der Wiederkunft Christi auf dieser Erde leben. Paulus bezeugt diese Weissagung als ein Wort des Herrn (1. Kor. 15,50ff.; 1. Thess. 4,13–18; 2. Kor. 5,1–10). Alle, sagt der Apostel, die die Wiederkunft erleben, werden, wenn sie gläubig sind, verwandelt werden, ohne zu sterben. Die Verwandlung der lebenden Gläubigen, diese Allmachtstat des lebendigen Herrn, wird also gleichzeitig mit der Auferstehung beim Stoß der letzten Posaune geschehen. Die Lebenden werden den Verstorbenen nicht zuvor kommen, noch umgekehrt. Und nachdem dies geschehen ist, werden beide zur Begegnung dem Herrn entgegengebracht und zur Vollendung geführt. Das Ende dieses Weltlaufs ist damit gekommen; die Auferstandenen werden gleichsam über die hinter ihnen liegende Erde hinausgeführt. Alle Ungläubigen dagegen, welche die Wiederkunft erleben, werden durch den Tod zum Gericht auferstehen (Offb. 19,21–20,15).

Zweck und Bedeutung der Verwandlung besteht darin, die Gläubigen für die Gemeinschaft mit Christus vorzubereiten (2. Thess. 2,1ff.; 1. Kor. 15,53–55). Die Verwandlung der Lebenden wird von der Schrift auch als eine Überkleidung beschrieben oder als ein Verschlungenwerden des Sterblichen vom Leben. Wir hätten deshalb nach der Schrift Ursache, uns nach der Verwandlung mehr als nach der Auferstehung zu sehnen. Das würde bedeuten, daß der Herr noch zu unseren Lebzeiten kommt. Denn obwohl beides, Auferstehung und Verwandlung, als Bezug den Leib haben, so stellt doch die Auferstehung den gestorbenen Erdenleib wieder her und verwandelt ihn; die Verwandlung dagegen hat es mit dem noch lebenden Erdenleib zu tun. Auferstehung und Verwandlung führen zu dem gleichen Resultat. Der Vorzug der Verwandlung besteht nur darin, daß diese Gläubigen den Tod nicht schmecken werden. In diesem Sinne ist die Verwandlung eine Bevorzugung (Offb. 20,5). Jesus hat diesen Augenblick so geschildert: Zwei werden mahlen auf einer Mühle; die eine wird angenommen, und die andere wird verlassen werden. Zwei werden auf dem Felde sein; einer wird angenommen und der andere wird verlassen werden (Matth. 24,40.41).

Wir haben nun gesehen, was Auferstehung und Verwandlung im Blick auf Vergangenheit und Zukunft bedeuten: Beide Ereignisse schließen die Geschichte der Offenbarung, der Aneignung des Heils, ab. Gleichzeitig wird abgeschlossen die Geschichte von Welt und Natur. Beseitigt ist der leibliche Tod mit Geborenwerden und Sterben. Alle, die im Zwischenzustand waren, werden auferstehen in das volle leibliche Leben. Sie werden samt den bei der Wiederkunft Lebenden aus der Verweslichkeit in die Unverweslichkeit erneuert und sehen dem Endgericht entgegen, das den einen die Vollendung zum Guten, den andern die zum Bösen gewährt, entsprechend der eigenen Entscheidung zur Stunde der Berufung.

V. Das Endgericht

1. Alle werden vor seinem Richterstuhl erscheinen müssen

Mit der Auferstehung der Toten ist das Endgericht verbunden. Nicht nur die Seinen (Matth. 24,31), sondern alle Sünder wird er vor sich stellen und somit Weltenrichter für Lebende und Tote sein (Röm. 14,10; 1. Kor. 5,10ff.; Offb. 20,12). Diese Gewißheit wurde schon in frühester Zeit in das apostolische Symbol (Glaubensbekenntnis) aufgenommen. Die vom Idealismus kommende These »die Weltgeschichte ist das Weltgericht« schafft weder eine ausgleichende Gerechtigkeit, geschweige denn die endgültige. Die Bibel läßt keinen Zweifel, daß es sich beim Endgericht um eine Instanz handelt, die ausnahmslos alle Menschen dem Urteil Gottes unterwirft. Eine Berufung nach dem Endgericht gibt es nicht mehr.

Die Zeit der Gnade ist zu Ende

Mit dem Endgericht ist die Tür der Gnade endgültig verschlossen (Matth. 25,10–12; Luk. 13,25). Als Paulus vor dem wohl etwas korrupten Statthalter Felix vom »zukünftigen Gericht« spricht, zuckte der zusammen. Man wußte wohl, was das bedeutete: Den Abschluß aller Gnadenzeit (Apg. 24,25).

Die alten Kirchenväter nehmen an, daß Auferstehung und Endgericht am gleichen »Tag« erfolgen werden. Diese Auffassung entspricht auch der Auffassung des Neuen Testaments, wo Auferstehung und Endgericht als *ein Akt* gesehen werden (Luk. 14,14; Offb. 20,11–13; 2. Kor. 4,11ff.). Für uns erhärtet sich der Gedanke noch dadurch, daß das Neue Testament verschiedene Bezeichnungen, die die gleiche Sache zum Gegenstand haben, für das Endgericht angibt. Es redet vom »Tage des Gerichtes« (Matth. 10,15; 1. Kor. 3,13), von der »Stunde des Gerichtes« (Offb. 14,7), vom »Tag Jesu Christi« (1. Kor.

1,8), vom »großen Tag« (Offb. 6,17). Der Tag kann auch als eschatologische Erfüllung einfach »jener Tag« genannt werden (2. Tim. 4,8).

Wir tun hier wieder gut zu bedenken, daß der Begriff »Tag« an der Grenzscheide zwischen Zeit und Ewigkeit Erfüllung und Enthüllung der Heilsgeschichte in Gericht und Gnade einschließt. Es ist auch wichtig, daß wir bedenken, daß der »Tag Christi« in seiner Erfüllung und Vollendung nicht etwa eine Entwicklung im irdischen Sinne braucht, sondern sich in ewigkeitlicher Kürze vollziehen wird. Er ist Ereignis ohne Leerlauf und Entwicklung. Er ist keinem Geschehen in zeitlicher Entwicklung vergleichbar. Er ist gegenständlich und zuständlich zugleich.

Diese Überlegungen sind deshalb so wichtig, weil es keine chronologische Festlegung dieser Ereignisse gibt. Chronos = Zeit: Was soll dieser Begriff überhaupt bei der Beschreibung eines Geschehens, das sich außerhalb, jenseits der Zeit vollzieht! Es ist deshalb auch schwierig zu sagen, was auf das Endgericht folgen wird. Aus logischen Gründen – aber was bedeutet hier unsere Logik! – sollte man annehmen dürfen, daß das Endgericht der absoluten Vollendung, also dem Eingang der neuen Menschheit auf die neue Erde, und der Gottlosen in die für den Satan bereitete Hölle vorangehen wird. Letzteres allein auszusprechen fällt schwer. Es muß unbedingt dem Urteil des Weltenrichters überlassen bleiben, wohin jeder gehört.

Wird das Weltgericht nach dem Untergang des alten Himmels und der alten Erde sein oder beidem vorausgehen? Wenn wir in 1. Thessalonicher 4,17 lesen, daß die Auferstandenen zur Begegnung mit dem Herrn ihm entgegengerückt werden, so scheint es, daß die Vernichtung der alten Welt dem Endgericht vorangegangen ist.

Was nun die Frage des Ortes anlangt, so weisen die alten Dogmatiker darauf hin, daß das Endgericht in der Luft vor sich gehen (1. Thess. 4,17), andere meinen, daß es für die Gottlosen noch auf der alten bzw. der neuen Erde stattfinden werde. Wir sind der Meinung, daß die betreffende Stelle im Brief an die Thessalonicher nicht von der Versammlung der Frommen, sondern von ihrer Überführung auf die neue Erde redet.

Wer wird der Richter sein?

Die Frage nach dem Richter ist längst sehr gründlich untersucht worden: Es ist der Dreieinige Gott. Der verborgene Gott, der in Christus das »Wort« für Gericht und Gnade wurde, spricht auch im Weltgeschehen das letzte Wort (Offb. 21,6): »Und der auf dem Throne saß, sprach . . . Es ist geschehen. Ich bin das A und das O, der Anfang und das Ende.« Gott selbst ist der Gesetzgeber und der Urheber des ganzen Heilsrates. Er ist auch der Richter im abschließenden Endgericht (Matth. 18,35; 2. Thess. 1,5; Hebr. 11,6; Jak. 4,11; 1. Petr. 1,17). Das Amt des Heiligen Geistes wird im Endgericht wie immer das sein, daß er die Gewissen der zu Richtenden straft und sie innerlich von der Gerechtigkeit des über sie ergehenden Urteils überzeugt (Joh. 16,8). Der im Auftrag Gottes »die Verhandlung« führende Richter wird der als verklärter Gottes- und Menschensohn sichtbare Heiland und Herr sein. Wer glaubt, der Retter der Welt könne nicht auch ihr Richter sein, der vergißt, daß Liebe und Gerechtigkeit sich nicht ausschließen. Die Heilstat Gottes im stellvertretenden Opfer und im gerechten Gericht wird allein durch den Sohn ausgeführt. Das ist das Zeugnis aller neutestamentlichen Schriftstellen.

Aus einer Anzahl von Schriftstellen könnte auch geschlossen werden, daß die Engel, Apostel, Patriarchen und Propheten in mitrichterlicher Funktion am Weltgericht teilnehmen. Das dürfte ein Irrtum sein. In Bibelstellen wie Matthäus 19,28; 20,23; Lukas 22,30 ist nicht vom Endgericht die Rede, sondern von der Vollendung und der Stellung, welche die Apostel im Leben der neuen Menschheit auf der neuen Erde einnehmen werden. Auch Offenbarung 12,10 u. 11 redet nicht vom Endgericht, sondern davon, daß die Getreuen des Herrn den Sieg über den Antichrist teilen werden.

Was nun die Engel betrifft, so sagen die Schriftstellen Matthäus 25,31; 16,27; 2. Thessalonicher 1,7; Offenbarung 14,10; Judas 14 nur aus, daß der wiedererscheinende Herr von dienenden Engeln begleitet wird (Matth. 13,39–49; 24,31; 1. Thess. 4,16). Diese Dienste bestehen auch darin, daß sie seine Ankunft verkündigen, die Menschen zum Gericht versammeln, die Guten von den Bösen scheiden und sie an ihren Ort bringen.

Auch die Erlösten stehen vor dem Richter

Es wird nun geltend gemacht, daß alle, die an Jesus zum Glauben gekommen sind, nicht ins Gericht kommen. Aussagen wie Johannes 3,18; 5,24; 12,47: »Wer mein Wort hört und glaubt dem, der mich gesandt hat, der hat das ewige Leben und kommt nicht in das Gericht, sondern er ist vom Tode zum Leben hindurchgedrungen. Wer aber nicht glaubt, der ist schon gerichtet« – stellen fest, daß sich diese Ausgangspositionen schon jetzt entsprechend der Glaubensstellung zu Jesus entscheiden oder entschieden haben. Wer an den Sohn glaubt, hat bereits ewiges Leben; wer nicht glaubt, bleibt im Tode unter dem göttlichen Zorn. Diese Wirklichkeit liegt in der Krisis, die der Tag Christi dieser Welt gebracht hat. Wer nicht glaubt, hat, wie Paulus sagt, das Selbstgericht schon an sich selbst vollzogen. In eschatologischer Sicht ist das richtig. Ja, da hat auch Kierkegaard recht, wenn er sagt, daß das weiße Kleid der Erlösten Existenz ohne Vergangenheit bedeute. Wenn man den verklärten Leib der Erlösten in diesem Sinne versteht, wird verständlich, warum die Unerlösten bei der Auferstehung schreien: »Ihr Berge, fallet über uns, und ihr Hügel, bedecket uns.«

Wenn also auch schon im Augenblick der Auferstehung entschieden ist, daß unmöglich die Seiten gewechselt werden können, so bleibt doch ohne Widerspruch zu den angeführten Stellen die alle Menschen erfassende Gültigkeit des Endgerichtes bezeugt.

Alle Völker, alle Menschen, der Erdkreis, ein jeder, die Juden und die Griechen, die Guten und die Bösen, die Ungläubigen und die Gläubigen, die Großen und die Kleinen, die Lebeden und die Toten werden vor dem Richterstuhl Christi erscheinen (Matth. 25,32; Apg. 17,30–31; Röm. 6,16; 14,10; 2. Tim. 4,1; Offb. 20,12).

Der Teufel wird offenbar vor dem Endgericht schon an seinen Ort getan (Offb. 20,10). Er gehört auch nicht vor das Endgericht, weil ihm die Gnade weder zugedacht noch angeboten wurde, er deshalb auch nicht in Christus gerichtet werden kann.

2. Worauf bezieht sich das Gericht?

Das Endgericht ist auch in seiner Urteilsfindung anders ausgerichtet als ein irdisches Gericht. Es bezieht sich auf alles, was die Menschen waren und sind. Ganz anders als ein irdischer Richter, der nicht mehr kann, als sich an die äußeren Taten zu halten und sie am Buchstaben des Gesetzes zu messen, ist das Gericht des Herrn: Seine Augen sind wie Feuerflammen (Offb. 1,14), und er weiß, was im Menschen ist (Joh. 2,24), und er überprüft Herz und Nieren (Offb. 2,23). Jesus wird das Selbst jedes einzelnen Menschen, seine innerste Persönlichkeit ansehen. Ein jeder wird »wegen seiner Selbst« Rechenschaft zu geben haben (Röm. 14,12; Gal. 6,5).

Es wird nicht so sein, daß etwa die Sünden in die eine Waagschale geworfen werden und die Tugenden in die andere. Es kommt zuerst und zuletzt auf die Grundrichtung des ganzen Menschen an. Und weil die Geschichte der Menschheit keinen anderen Sinn als die Ausführung des Erlösungsratschlusses hat, ist damit auch der Zweck des Menschenlebens bestimmt. Die Frage ist also, ob er den Teufelskreis von Schuld und Sünde in Buße und Bekehrung durchbrochen und das dargebotene Heil für sich ergriffen hat. Wer in der Existenzmitte aus der Wahrheit war und sich durch den Heiligen Geist erleuchten ließ, hat die Gnade gefunden und den Tag des Heils nicht versäumt.

Die Lebensantwort, die dem Richter dann in der Gesamtschau eines Menschenlebens vorliegt – anders ausgedrückt: die Grundrichtung, die sein Leben bestimmt hat, nämlich, ob er die Gnade angenommen oder verworfen hat, wird entscheiden über seine Ewigkeit. Damit ist nun keineswegs gesagt, daß nur der Glaube durch das Endgericht hilft und die Werke überhaupt keine Rolle spielten.

Es ist nicht so, daß nach den Werken nicht gefragt und keine Rechenschaft gefordert würde. Die Werke in weitester Bedeutung als Lebensäußerungen, Gedanken und Empfindungen, Worte und Taten müssen sich als Früchte des inneren Lebens erweisen, nämlich des lebendigen Glaubens oder Unglaubens (Matth. 7,17). Außerdem geben die Werke Zeugnis von dem, was die Grundrichtung des betreffenden Lebens, der den Menschenaugen verborgenen Existenz war (Luk. 6,44).

Die Frage nach den anvertrauten Gaben, nach Werken und Motiven

Der Christ wird sich vor dem Herrn zu verantworten haben, ob er die Gelegenheiten, die die Gnade ihm gab, genutzt hat oder nicht. Nicht was er getan hat, ist zuerst gefragt, sondern ob er die Frage des Lazarus vor seiner Haustür mit der Tat der Liebe beantwortet hat. Der Ungläubige wird Rechenschaft geben müssen dafür, daß er die Gnade verwarf, obwohl er von Christus mit Namen gerufen wurde. Er wird schuldig gesprochen, weil er nur im Lohngedanken lebte, sein eigenes Ich auf den Thron hob und deshalb in Selbstverwirklichung endete; in der Verwirklichung seines gottfernen, toten Ichs.

Die Werke, die Gott bei uns sucht, kommen immer nur aus dem Glauben. Die Werke des Unglaubens kommen aus dem Lohndenken. Unter diesem Vorzeichen wird das Endgericht die Menschen nach ihren Werken richten (1. Petr. 1,17; Offb. 20,12; 22,12; Eph. 6,8; 1. Tim. 6,18; 2. Kor. 11,15). Gefragt wird auch nach den Werken im engeren Sinne, z.B. nach der Erweisung der Barmherzigkeit (Matth. 25,35–40), der Feindesliebe und der Freigebigkeit (Luk. 6,35), nach der Gastfreundlichkeit ohne Ansehen der Person (Luk. 14,13ff.).

Es wird im Endgericht auch gefragt werden nach den Ärgernissen, die Fromme anderen bereitet haben, die dadurch vielleicht vom Glauben abkamen (Mark. 9,42), nach dem Betrug in Handel und Wandel (1. Thess. 4,6), nach dem Verhältnis zu Untergebenen (Mark. 9,41), nach der Arbeit im Reiche Gottes (1. Kor. 3,8) usw.

Rechenschaft werden wir auch geben müssen von unseren Worten (Matth. 12,36); er wird die Gedanken des Herzens offenbaren (Röm. 2,16; 1. Kor. 4,5; 2. Kor. 5,10). Das gleiche gilt von den heimlich getanen Werken, ob sie nun gut waren (Matth. 6,4.18) oder als verborgene Werke der Finsternis ans Licht gebracht werden (Eph. 5,11.13; 1. Tim. 5,24). Das richterliche Auge wird alle diese Werke zusammen sehen und feststellen, wie weit sie als Ganzes unser Leben bestimmt haben und so zum Gesamtzeugnis unseres Lebens wurden (Matth. 16,27; Röm. 2,6–11). Solche einzelnen Handlungen und Einstellungen werden die Grundrichtung unseres Lebens offenbaren (2. Kor. 5,10). Es ist also die Überprüfung dieses irdischen Lebens – im Zwischenzustand tritt ja keine Veränderung ein.

3. Das Urteil

Ohne jeden Zweifel richtet sich das Urteil Gottes im Endgericht grundsätzlich an unserer Entscheidung für oder gegen seinen Sohn Jesus Christus aus.

Aber er fragt nicht nur nach unserem Verhältnis zum Evangelium, sondern auch nach dem zum Gesetz. Und wenn der Mensch das Evangelium verwirft, bleibt er doch dem Gesetz unterworfen. Die Verwerfung hat aber zur Folge, daß nun nicht Gnade, sondern das Gesetz des Evangeliums die Rechtsprechung bestimmt. So verfällt der Mensch der Strafe Gottes, und er hat keinen, der für ihn eintritt. Wer aber das Evangelium annimmt, ist von dem Fluch des Gesetzes erlöst; denn Jesus wurde zu unserer Sünde, damit wir zur Gerechtigkeit Gottes würden in ihm (2. Kor. 5,21).

Ist der Mensch nun nach dem Gesetz Gottes verloren, so wird er nach dem Evangelium Gottes gerettet, indem ihm seine Sünde um des Blutes Jesu willen vergeben wird, wenn er in Buße und Bekehrung die Gerechtigkeit Gottes annimmt. Hier muß man den Römerbrief lesen! »Wer will die Auserwählten Gottes beschuldigen? ... Christus Jesus ist hier, der gestorben ist, ja vielmehr, der auch auferweckt ist, der zur Rechten Gottes ist und uns vertritt« (Röm. 8,34).

Wir können also sagen, daß sich die richterliche Norm für das Urteil Gottes bei denen, die die Gnade willentlich verschmäht haben, nach dem Gesetz richten wird, das am Sinai offenbart ist und das in jedem Gewissen abgerufen werden kann. Im Endgericht wird deshalb niemand verworfen, der sich nicht selber verworfen hat – das innewohnende Gesetz macht es ihm klar, verurteilt ihn.

Gott war am Werk bei einem Mann, der in die Beichte kam. Er sagte: »Ich habe unruhige Nächte gehabt, weil der Herr mir klar gemacht hat: Was heute zugedeckt wird, wird morgen aufgedeckt. Helfen Sie mir – es bleibt mir nur der Weg zu Jesus, daß sich das Gericht über mich durch sein Blut in Gnade wandelt.«

Gott ist beständig am Werk. Aber viele Menschen verstopfen sich die Ohren und binden sich die Herzen zu, weil sie ihr eigener Herr bleiben und in aufrechter Haltung vor Gott hintreten wollen; sie scheuen niemand, auch Gott nicht, weil sie meinen, immer recht getan zu haben.

Was sagt die Bibel über das Verfahren?

Nun wird uns manches vom Endgericht in der Bildersprache der Bibel berichtet: Der Herr erscheint an der Spitze des himmlischen Heeres, die Posaune erschallt, es werden Richterstühle besetzt usw. (Matth. 25,31; Dan. 7,9; 1. Thess. 4,16; 2. Thess. 1,7; Offb. 20,11–15). Diese Bildsprache ist der ewigkeitlichen Wirklichkeit näher als der kluge Gedanke Kierkegaards sagt: Wenn das Letztere der Fall wäre, hätte Jesus als Philosophieprofessor zu uns kommen müssen. Es wäre falsch, wenn wir uns die Szene des Endgerichts buchstäblich so vorstellten. Aber noch viel falscher wäre es, wenn wir die Sache vom Bild trennten. Wenn die Sache sich in ein Bild verflüchtigt, haben wir sie falsch verstanden, entmythologisiert und verraten. Das geschieht, wenn man wie Schleiermacher das Endgericht selbst leugnet oder es wie Origines auf einen Vorgang im Gewissen reduziert.

Gewiß ist auf alle Fälle, daß das Endgericht unter den Augen des Weltenrichters abläuft. Jeder einzelne muß vor dem Weltenrichter erscheinen. Über jeden einzelnen wird ermittelt und das Urteil gefällt. Auch der Feind, der die Funktion eines Staatsanwalts hat, kann Einspruch erheben (Hiob 1 und 2; Sach. 3,1ff.). Gott läßt sich auch von seinem Feind überprüfen, damit auch er am Ende bekennen muß, daß Gott gerecht ist in all seinen Entscheidungen.

Die Deutung des Endgerichts wird in seiner Durchführung von der Schrift insofern unterschiedlich gesehen, als einmal gesagt wird, daß das Verfahren in Frage und Antwort durchgeführt wird (Matth. 25,34), und dann wieder wird bezeugt, daß Bücher aufgetan werden, in denen verzeichnet ist, was der Mensch war und was er tat (Offb. 20,12). Unter den Büchern dürfen wir wohl die Treue des Gedächtnisses unseres Gottes und Heilandes verstehen, der nicht zu fragen braucht, um zu wissen, und vor dem nichts gilt als sein eigenes Bild. Das Gericht vor Gott erfordert kein langes Verfahren. Das Auge des allwissenden Richters blickt durch jeden hindurch, überprüft sein Gewissen nach Herz und Nieren. Eine Selbsttäuschung, die hier gelebte Lüge war, endet vor ihm im »Aschermittwoch« der Ewigkeit – wenn das Narrenkostüm abgelegt, die Rechnung für den Karneval präsentiert wird.

Im Licht des Evangeliums sind Urteilsfindung und Urteilsverkündigung öffentlich. Nach der Ermittlung, was in jedem Menschen war und ist, wird die Stellung zu Christus und seinem Heil überprüft. Die Werke werden durchleuchtet, ob sie aus geschenkter Kraft und Gnade oder aus dem Eigenen entstanden sind. Die Umstände werden überprüft: Ob wir die von Gott geschenkten und gelenkten Gelegenheiten zum Zeugnis des Glaubens genutzt haben, oder ob wir wie Jona in die unterste Kabine geflüchtet sind, um eigene Strategien unserer frommen Denkart zu entwickeln. Dieses Urteil Gottes wird entscheiden über Seligkeit oder Unseligkeit. Es wird entscheiden über den Lohn der Herrlichkeit, den in Wirklichkeit ja nur einer verdient hat: der Belohner selbst; und über die Strafe. Dieser Urteilsspruch wird vom Richter bekannt gegeben, denn »wir müssen alle offenbar werden vor dem Richterstuhl Christi« (2. Kor. 5,10). Aus diesem Grunde heißt das Endgericht auch die Offenbarung des gerechten Urteils Gottes (Röm. 2,5).

4. Gnade und Lohn

Es ist also so, daß es im Endgericht »Lohn« gibt, der sich an den Werken orientiert. Diese Aussage steht nicht im Widerspruch zu jener anderen, an der wir grundsätzlich festhalten müssen: daß nämlich die Seligkeit in jedem Fall nur ganz aus Gnaden ist. Aus Gnade und nur aus Gnade stehen auch die Erlösten in diesem Gericht – als Erlöste! Nun können auch die Werke bei Gott Berücksichtigung finden, weil sie ja im Opfergang der Nachfolge erbracht worden sind – sie werden nun im Endgericht mit Herrlichkeit belohnt. Es ist ein Unterschied, ob ich die Erlösung durch den Kreuzestod Jesu angenommen und dann mein Leben in aller Gottseligkeit und Ehrbarkeit gelebt und sorgfältig dafür gesorgt habe, daß ich nirgendwo aneckte – oder ob ich an der geistlichen Front gekämpft, die Not des Unglaubens erlitten und ohne nach rechts oder links zu sehen nur um eines bemüht war: um rechte Nachfolge. Wer sein Leben auf die Wechselbank Gottes einzahlt, der weiß, daß alle Seligkeit Gnade ist und Lohn nichts anderes als alle die guten Gaben Gottes zuvor – Gnade; zumal der Arbeiter im »Weinberg des Herrn« oder auf dem »Erntefeld« mit sich selbst genug Erfahrungen macht, die ihm helfen, die

Gnade Gottes sehr hoch einzuschätzen, weil er sie nämlich beständig in Anspruch nehmen kann: für sich selbst und für alles, was die Arbeit betrifft.

Der den Gläubigen zugesprochene Lohn wird, solange sie hier und im Zwischenzustand leben, im Himmel aufbewahrt (Matth. 5,12; 6,1; Luk. 6,23; Hebr. 10,34-37). Die »Auszahlung« dieses Schatzes erfolgt im Endgericht und in der Vollendung (Matth. 6,4; 6,18; 20,8; 24,44-47; Luk. 12,13ff.; 19,13; 2. Thess. 1,7ff.; 1. Petr. 4,13; 5,4; Matth. 25,21-23).

Der Gedanke an dieses wunderbare Geschenk leuchtet schon im Alten Testament bei Daniel auf. »Die Lehrer werden leuchten wie des Himmels Glanz, und die, die viele zur Gerechtigkeit geführt wie die Sterne immer und ewiglich« (Dan. 12,3). Paulus bezeugt in 1. Korinther 15,41-43: »Eine andere Klarheit hat die Sonne, eine andere Klarheit hat der Mond, eine andere Klarheit haben die Sterne; denn ein Stern übertrifft den anderen an Klarheit; so wird es auch sein bei der Auferstehung der Toten.«

Auf welche Werke bezieht sich nun dieser Herrlichkeitslohn? Ohne die ganze Fülle der Schriftstellen anzugeben, wollen wir einige Gründe nennen:

für Martyrium, erlittene Verletzung, Bedrückung, Schmach, Trübsal: Matth. 5,11; Luk. 6,22; 2. Kor. 4,17; 2. Thess. 1,7; Hebr. 11,25; 1. Petr. 4,12;

für alle um Christi willen gebrachten Opfer: Matth. 19,29;

für geraubte Güter: Hebr. 10,34;

für erduldete Not und Armut: Luk. 6,20;

für das Wuchern mit den von Gott anvertrauten Gaben: Matth. 25,14; Luk. 19,2.12;

für tätige Menschen- und Feindesliebe: Luk. 6,27-38;

für Haltung des vierten Gebotes: 2. Mose 20,12;

für Arbeit im Weinberg Gottes: Matth. 20,1-16; 1. Kor. 3,8;

für alle Dienste im Reich Gottes, besonders die für die Geringsten, wobei nicht ein Trunk kalten Wassers unbelohnt bleibt; für Aufnahme der Boten Gottes, für alle Treue und Hingabe: Matth. 6,1.5.16; 10,41; 24,44-47; Luk. 12,42-44; 1. Tim. 3,13; 1. Petr. 5,4.

Diese hier angegebenen Schriftstellen klammern den Lohn für andere dem Herrn getane Werke nicht aus. Es wird sogar von unterschiedlich großem Lohn gesprochen, und dies alles auf recht menschlich-verständliche Weise – nur daß die Ursachen der Belohnung wahrhaft göttlichem Urteil entsprechen.

Grade und Stufen von Herrlichkeit

Wir sagten schon Matthäus 25,21, daß die Seligkeit im Zwischenzustand keine Grade und Stufen hat. Anders ist es nun in der Herrlichkeit. Die Frucht, die das Leben der Gläubigen in diesem Leben erbringt, ist verschieden. So wird auch der Lohn verschieden sein (Matth. 25,14; Luk. 19,12).

Die Rechtfertigung durch den Glauben allein wird durch den Lohngedanken nicht berührt. Wer in die Herrlichkeit eingehen will, muß das hochzeitliche Kleid haben (Matth. 22,2–14), das ein Geschenk für den Wiedergeborenen ist. Jeder bekommt es, und es liegt dann an ihm, es auch zu tragen. Daran hängt alles. Denn auch die Fähigkeit zu guten Werken für das Reich Gottes hat damit zu tun, daß wir »Christus angezogen« haben (Gal. 3,27; Röm. 13,14), den neuen Menschen (Eph. 4,24; Kol. 3,10), die ganze Waffenrüstung Gottes (Eph. 6,11), herzliches Erbarmen ... die Liebe (Kol. 3,12.14).

Der Lohngedanke der Bibel hat nichts mit Erfolg, Menschenehre, Ehrgeiz zu tun. Es muß Frucht sein. Frucht kommt nie aus dem Eigenen. Sie ist immer Geschenk und Gnade. Paulus sagt in 1. Korinther 3,11–15, daß alles auf den rechten Grund – Jesus Christus – gegründet sein muß, wenn gesunde Frucht kommen soll, und er zeigt weiter, wie der Herr an seinem Tag die Werke richten wird: Er wird sie prüfen im Feuer des Gerichtes und so herausfinden, ob es sich um Gold, Silber und Edelsteine handelt oder um Holz, Stroh und Stoppeln.

Die Fülle der Schriftstellen, die von der Vergeltung oder dem Lohn handeln, beziehen sich gleichmäßig auf Gottlose und Fromme. So spricht die Bibel auch beim Lohn der Gottlosen von Stufen und Graden (Matth. 10,28; 8,12; Röm. 2,9). Die Unseligkeit wird jedoch bei allen Verlorenen die gleiche sein. Auch bei Strafunterschieden (Matth. 11,22; Luk. 12,17) wird das allgemeine Los in dem zweiten Tode bestehen: im Verstoßenwerden in die Gehenna (Hölle), verstoßen in das Reich des Teufels, an seinen Aufenthaltsort (Matth. 25,11.46; Offb. 20,14; 21,8).

Von der ewigen Wirkung des Urteils

Das Urteil des Weltenrichters hat ewige Geltung. Der ewigen Verherrlichung der Gläubigen steht die ewige Verurteilung der Gottlosen gegenüber. Nirgendwo in der Schrift wird behauptet, daß der Zorn Gottes aufgehoben würde. Natürlich bleibt für uns die Frage offen, was mit den Nichtberufenen im Endgericht geschieht. Wir lassen die Aussicht offen, daß im Endgericht, wenn der Menschensohn vor sie hintritt, für sie noch eine Entscheidungsmöglichkeit gegeben sein kann. Über die Aussagen der Schrift dürfen wir aber auch hier nicht hinausgehen.

Das Endgericht ist der Abschluß des Erlösungsratschlusses. Wenn die Gerichtsentscheidung erfolgt ist, beginnt der Lobgesang der Gemeinde Jesu, die er aus allen Sprachen, Völkern und Zungen versammelt hat. Das Urteil wird sogleich vollstreckt, indem der Herr durch seine Engel die Seinen in das Reich der Herrlichkeit überführt. Das gleiche geschieht mit den verurteilten Bösen, die in die Gehenna, das heißt die Hölle geworfen werden.

Die Frage, die die Jünger gestellt haben, bleibt auch hier noch offen:

»Werden viele oder wenige selig?«

Jesus gab die Antwort, die auch uns heute noch gilt:

»Ringet danach, daß *ihr* durch die enge Pforte eingeht!«

VI. Gehenna, die verlorene Welt

1. Die neue Schöpfung

Petrus bezeichnet als das Ziel der Erlösung die Wiederherstellung des Alls (Apg. 3,21). Der Hebräerbrief denkt ebenso, wenn er sagt, daß alles wieder in den rechten Stand gesetzt wird (Hebr. 9,10). Paulus bezeugt, daß, wer in Christus ist, eine neue Kreatur ist (2. Kor. 5,17). Die Offenbarung Johannes schließt damit ab, daß sie uns das neue Jerusalem auf der neuen Erde zeigt. Und der Herr selbst beglaubigt die Vollendung mit dem Wort: »Siehe, ich mache alles neu« (Offb. 21,5).

Mit dem Untergang des alten Himmels und der alten Erde ist die Schöpfung des neuen Himmels und der neuen Erde verbunden. Das weissagt schon das Alte Testament. Der Prophet Habakuk (2,2–14) spricht nur von einem Gericht durch Feuer, während die Erde voll der Erkenntnis der Herrlichkeit des Herrn sein wird. Der Psalmist dagegen sagt (Psalm 102,26f.): Himmel und Erde vergehen: Sie werden veralten und verwandelt werden wie ein Gewand. Und bei Jesaja (34,4) wird am Tage Jahwes der Himmel zusammengerollt wie ein Buch, und sein ganzes Heer verwelkt wie ein dürres Blatt am Feigenbaum.

Diesem Untergang der alten Welt wird aber die Schaffung einer neuen gegenübergestellt. Parallel zur Vollendung des Volkes Gottes schafft Gott einen neuen Himmel und eine neue Erde (Jes. 65,17). Der Prophet Jesaja bezeugt: Wenn die Boten aus Israel allen Völkern die Herrlichkeit Gottes verkündigt haben, dann wird Gott diesen neuen Himmel und die neue Erde bereitet haben. Der Untergang der alten und das Werden der neuen Welt wird in vielen alttestamentlichen und neutestamentlichen Texten zusammengeschaut. Gott hat so lange Geduld mit dieser Welt, bis die Sämannsarbeit des Herrn beendet ist.

In der Frage, ob Himmel und Erde total untergehen, wie Petrus im dritten Kapitel seines zweiten Briefes sagt, ob sie durchs Feuer vernichtet oder zu einer ewigen Existenz gewandelt werden, sind die

Schriftaussagen nicht eindeutig. Auch läßt sich nicht sagen, wie die Stofflichkeit der neuen Welt sein wird – gewiß verwandelt, denn über die Beschaffenheit der neuen Erde wird nur ein doppeltes ausgesagt: daß auf ihr Gerechtigkeit wohnt (2. Petr. 3,13) und daß sie verklärt sei (Röm. 8,18).

Werden am Ende noch alle gerettet?

Es ist nach unserer Meinung ein Irrtum zu denken, es käme ein Zeitpunkt, an dem schließlich alle Menschen bekehrt würden. Wer unvoreingenommen die Aussagen der Schrift prüft, dem muß klar sein, daß die Bibel das Ende der Weltgeschichte nicht in einem Allerweltsheil, sondern in dem Reich der Seligen und dem der Verlorenen sieht. Sie unterscheidet ein Drinnen- und ein Draußensein. Sie nennt die acht Kolonnen, die durch das Tor ohne Hoffnung in die Hölle einmarschieren, mit Namen (Offb. 21,8). Wer dagegen die Sünde namenlos macht, sie ins Nichts verlorengehen läßt, der verrät das Evangelium, das ja auch die Menschen mit Namen nennt, die verloren gehen, weil sie das angebotene Heil nicht angenommen haben (Offb. 17,11 und Offb. 19–20). Denn Gott will, daß allen Menschen geholfen werde und sie zur Erkenntnis der Wahrheit kommen (1. Tim. 2,4).

Der Verkündiger des Evangeliums ist seinem Auftrag entsprechend »Hochzeitsbitter« und nicht »Leichenbitter« – er lädt zur Hochzeit ein und nicht zur Beerdigung. Deshalb werden auch Ort und Zustand der »Seligen« eingehender geschildert als die Situation der Verlorenen.

Ort und Zustand der vollendeten Erlösten und der verurteilten Verlorenen gehören der Überweltlichkeit und der Ewigkeit an. Dabei liegt es nahe, die ewigkeitliche Wirklichkeit eher in Bildern zu beschreiben als in der Sprache abstrakter Begriffe. Doch bei der Deutung dieser Bilder müssen wir vorsichtig sein. Wir dürfen weder das Bild in der Sache aufgehen lassen noch umgekehrt. Augustinus hat deshalb recht, wenn er Origenes tadelt, daß er die Realität des Feuers, der Gehenna, aufgibt und das Bild überträgt in einen Gewissensvorgang.

Ferner muß auch bedacht werden, daß mit den Bezeichnungen des Ortes der Verdammnis zugleich der Zustand gemeint ist, in welchem sich die Verlorenen befinden.

Dichter und Maler haben gewetteifert, die Hölle und das Leben in ihr zu beschreiben. Sie haben alles getan, um mit zeitlichen Mitteln die Hölle anschaulich, höllenmäßig zu machen. Dabei kann man das Kind auch mit dem Bade ausschütten, indem man nämlich durch phantastische Übertreibung oder Ausmalung die biblischen Aussagen zu Fabeln und Märchen abwertet. Wenn Jung-Stilling sagt, die Verlorenen suchten sich beständig dasjenige wieder zu beschaffen, was sie im Leben besessen und genossen haben, malt er den Satz Jesu über die unerlöste Welt aus, die den Betrug der natürlichen Sehnsuchtshoffnung weiter erleidet: Ihr Wurm wird nicht sterben und ihr Feuer nicht verlöschen (Mark. 9,44). Es ist Existenz in einer gelebten Lüge.

Wir tun auf jeden Fall gut daran, in der biblischen Bescheidung zu bleiben.

2. Die Hölle

Aus guten Gründen lehnen wir auch die Ansicht ab, daß die Hölle nichts anderes sei als *das Gefühl* des göttlichen Zornes, des ewigen Verfluchtseins und des bösen Gewissens; mit anderen Worten, daß man also die Hölle immer in sich trage. Doch zweifellos hat der Herr den Ort der Verdammten Gehenna genannt (Matth. 5,29; Mark. 9,43; Matth. 5,22; 18,9; Mark. 9,47), und dieser Name bezieht sich auf ein Tal südlich von Jerusalem.

Dieses Tal Hinnom (aramäisch: gehinnam) oder Ben-Hinnom kommt schon bei Jesaja als Grenze zwischen den Stämmen Juda und Benjamin vor (Jos. 15,8; 18,16). Das Tal war unter den Königen Ahas und Manasse eine Stätte des Molochkultes (2. Chr. 28,3; 33,6), und der Opferplatz hieß Tophet, das bedeutet: Ort des Ausspeiens, des Abscheus. Die götzendienerischen Könige opferten hier dem Moloch Kinder, die geschlachtet und verbrannt wurden – eine der für Israel greulichsten Sünden. Im Zuge der Reformen des Königs Josia wurde die Stätte zerstört und von der Priesterschaft für unrein und verbannt erklärt (2. Kön. 23,10).

Das verfluchte Tal mit dem ewigen Feuer

Auf diesem Hintergrund wird deutlich, wie es auf die Juden gewirkt haben muß, als Jeremia in seinen Predigten gegen den Abfall des Volkes die Drohung ausspricht, daß zur Strafe für diese Greuel die Feinde ins Land kommen, das Volk erschlagen und seine Leichname am Orte Tophet begraben lassen würden (Jer. 7,24ff.; 32,35f.). Darüber hinaus muß der Prophet vor den Männern Jerusalems dieser Weissagung durch eine zeichenhafte Handlung Gewicht verleihen: Er muß an dieser Opferstätte Tophet im Tal Hinnom einen Topf zerschmettern. Jerusalem soll zerbrechen wie ein Topf und wie Tophet unrein werden.

Die Rabbinen berichten, daß seitdem diese Stätte als Ablagerungsplatz für Tierkadaver und anderen Unrat benutzt wurde. Um diesen Unrat zu verbrennen, wurde hier ein beständiges Feuer unterhalten – Gehenna: Für die Frommen im Lande war diese Stätte durch sein immer brennendes Feuer, das den Unrat verzehrte, eine Vergleichsstätte für den Zorn Gottes. So ist verständlich, wenn der Herr den Ort der Verdammten mit dem Wort Gehenna bezeichnet.

Wenn man die biblischen Stellen überprüft (5. Mose 4,24; Jes. 66,24; Mark. 9,43–46; Matth. 18,8–9; 23,22; Offb. 21,8; 22,15), dann suchen sie ihre geistliche Mitte in der Aussage von Lukas 12,5: »Ich will euch aber zeigen, vor wem ihr euch fürchten sollt: Fürchtet euch vor dem, der, nachdem er getötet hat, auch Macht hat, in die Hölle zu werfen. Ja, ich sage euch, vor dem fürchtet euch.«

Gehenna und Hölle meinen also beides: Den Ort, wo das Feuer gottfeindlichen Hasses brennt, und den Ort, wo das Feuer des Zorns Gottes die Ihm Verhaßten verzehren wird.

Der Feuersee

In der bildhaften Schau des Ortes der Verdammung gebraucht die Offenbarung mehrfach die Bezeichnung »Feuersee« (Offb. 19,20; 20,10.14.15). Es lag für den Israeliten nahe, dabei an das Tote Meer zu denken, weil man hier die untergegangenen Städte Sodom und Gomorra wußte. Wie immer aber auch der bildhafte Vergleich sein mag, das Bild drückt aus, daß der Zorn Gottes die Verlorenen hier strafend trifft, und daß sein Zorn immer über ihnen bleibt.

Der Kerker

Außer den angegebenen Ortsbezeichnungen für die Verlorenen wird der Zorn Gottes auch als das Gefängnis bezeichnet (Matth. 5,25; Luk. 12,58). Der Sinn dieses Bildes ist klar: Selbstverständlich gehen die Verlorenen nicht freiwillig in den Kerker, sondern sie werden wie ein Verurteilter hineingeworfen oder -gestoßen und sollen in diesem Gefängnis gefangen bleiben, damit sie nicht mit ihrer Sünde wieder die Gotteswelt zerstören können. Dieses Gefängnis ist also ein Strafort, und es gibt aus ihm kein Entrinnen. Wenn diesem Gefängnis auch Peiniger oder Kerkermeister zugeordnet werden, dann liegt nahe, daß dies der Teufel und seine Dämonen sind (Matth. 18,34): »Wenn du mit deinem Gegner zum Gericht gehst, so bemühe dich auf dem Wege, von ihm loszukommen, damit er nicht etwa dich vor den Richter ziehe, und der Richter überantworte dich dem Gerichtsdiener und der Gerichtsdiener werfe dich ins Gefängnis. Ich sage dir: Du wirst von dort nicht herauskommen, bis du den allerletzten Heller bezahlt hast« (Luk. 12,58–59). Die Frage, die hier offen bleibt, ist die: Womit wollen wir bezahlen, wenn die Stunde der Gnade vorbei ist?

Ist der Ort der Verdammten derselbe wie der des Teufels und seiner Dämonen?

Daß der Teufel mit seinen Dämonen und den Verlorenen schließlich an ein- und denselben Ort kommen werden, sagen Matthäus 25,11 und Offenbarung 20,10–15. In Frage steht aber, ob der Teufel diesen Ort schon gleich nach seinem Fall zugewiesen bekommen hat. In Lukas 8,31 bitten die Dämonen den Herrn, daß er sie nicht in den Abgrund gehen heiße. Die Furcht ist offenbar die, daß sie an diesen Aufenthaltsort verbannt und dort eingeschlossen werden. Sie wollen also auf der Erde bleiben. Deshalb also wäre der Abgrund der Aufenthaltsort der Dämonen, den sie zwar zeitweilig verlassen können, um die Menschen zu verführen (Eph. 6,12), an den sie als ihren Aufenthaltsort aber doch gebunden sind. Offenbar entsteigen die bösen Mächte, die dämonischen Impulse, die die Menschen verführen und geschichtsmäßig und -trächtig werden, diesem Abgrund (Offb. 9,1; 2,11; 11,7; 17,8), den sie offenbar nur mit Gottes Zulassung verlassen dürfen. Dort ist die Macht aus der Tiefe behaust.

So macht der gesamte Zusammenhang des Neuen Testaments klar, daß der Ort des Abgrundes, von dem die dämonischen Einwirkungen auf diese Welt ausgehen, und der Ort der Verdammten, die Gehenna, in die die Verlorenen nach dem Urteilsspruch im Endgericht eingehen, ein- und derselbe ist. Ob der Ort nun als Abgrund, Gehenna oder Feuersee bezeichnet wird, es handelt sich um den ewigen Strafort, der die Verlorenen aufnimmt und der auch gleichzeitig der Aufenthaltsort des Teufels und seiner Dämonen ist.

Der Zustand der Verlorenen

Man hat immer wieder versucht, die Aussagen der Bibel dadurch zu ergänzen, daß man sie mit Geisteraussagen vergleicht, oder man versucht durch Aussagen im magnetischen Schlaf neue Einsichten in diesem Bereich zu gewinnen (Swedenborg u.a.). Wir wollen bewußt auf die Beweisführung solcher angeblichen »Erkenntnisse« verzichten. Gleichzeitig lehnen wir es ab, den Zustand der Verlorenen über die biblischen Zeugnisse hinaus auszumalen.

Das Zeugnis der Bibel läßt sich in drei Gruppen einteilen: Es redet von dem Gesamtzustand, von dem Inneren und ferner von den äußeren Zuständen der Verlorenen.

3. Der zweite Tod

Der umfassenste Begriff wird uns gegeben, wenn der Zustand der Verlorenen als zweiter Tod bezeichnet wird. Mit diesem zweiten Tod wird nichts anderes bezeichnet als der Zustand, in dem sich der Mensch befinden muß, der das Heil verworfen hat, vom Heil nun ausgeschlossen ist und in dem und über dem sich die Sünde und ihre Strafe vollenden. Der Ausdruck »zweiter Tod« wird in aller Schärfe auch als Gegensatz zum Zustand der Seligen gebraucht, wenn deren neues Leben als ein Zustand in ewiger Freude und Anbetung geschildert wird. Die Existenz der Verlorenen ist das Gegenteil davon, nämlich ein ewiges Suchen nach Erfüllung in der Selbsttäuschung des unwirklichen Lebens, die Reduzierung des Menschen auf sich selbst.

Es gibt keine Brücke mehr

Ferner sind die Verlorenen vom ewigen Heil so geschieden, daß es keine Brücke mehr gibt. Der Herr des Lebens weist sie von sich (Matth. 7,23; 25,41; Luk. 13,27). Das Kreuz Christi hat seine Vergebungskraft verloren, weil man sie in der Stunde der Gnade willentlich abgelehnt hat. Paulus sagt, daß die Verlorenen fern sind vom Angesicht des Herrn und das ewige Verderben erleiden müssen (2. Thess. 1,9). Wir tun gut daran, diese »Entfernungen« nicht mit Kilometersteinen und Lichtjahren zu messen, sondern an die Entfernung zu denken, die menschliche Sünde und Schuld schafft und die nur im Kreuz Christi überbrückt wird (Joh. 10,9).

Unentrinnbare Nacht

Die Schrift drückt diese Entfernung mit dem Begriff »äußerste Finsternis« aus (Matth. 8,12; 22,13; 25,30). Wer von Gott geschieden ist, der ist auch vom Licht und vom Leben geschieden (Joh. 1,4), und sein Zustand ohne Lebensbezug ist vollendete Finsternis. Dieser Zustand wird deshalb auch »die wahrhaft unentrinnbare Nacht« genannt (Weish. 17,14). Für den, der von der Gnade geschieden ist, kann Gott nur als Richter gegenwärtig sein. Sowohl die Sünde wie der Zorn Gottes vollenden sich an ihm (Röm. 2,5; Hebr. 10,31; Joh. 3,36).

Heimatlos

Während die Begnadeten auf der neuen Erde mit dem Herrn zu Tisch sitzen, bezeichnet die Bibel den Ort der Verlorenen als »draußen« (Offb. 22,15). Sie müssen also Ort und Zustand nicht nur mit Ihresgleichen, sondern auch mit dem Teufel und seinen Dämonen teilen (Offb. 20,15; Matth. 25,41). »Weh dem, der keine Heimat hat« – dieser Satz von Friedrich Nietzsche zeigt, daß er ein Gefühl für das Unbehaustsein, ein solches »Draußen« hatte.

Wer die Wirklichkeit der Dämonie leugnet, reduziert die Welt auf einen Wunschtraum. Das Erwachen aus diesem Traum bedeutet für viele letzte Verzweiflung, für wenige wird es zum Anlaß, sich auf die Suche zu machen, um dieser schrecklichen Wirklichkeit zu entrinnen. Ob dann jemand zur Stelle ist, um den Weg zum Heil zu zeigen?

Hoffnungslos

Viele Zeugnisse der Schrift beziehen sich auch auf den Gemütszustand der Verlorenen. Sie werden in Trübsal und Angst sein. Sie werden Reue und Buße haben, aber ohne Hoffnung auf Vergebung und Bekehrung. Sie werden vergeblich rufen nach der versäumten Gnade. Ohne alle Stellen hier anzugeben, kann man zusammenfassend sagen, daß die entsprechenden Schriftstellen einen Zustand völliger Hoffnungslosigkeit und allertiefsten Seelenschmerzes als Los der Verlorenen beschreiben (Matth. 8,12; 13,42.50; 22,13; 24,51; 25,30; Luk. 13,28).

Die Heilige Schrift spricht von unterschiedlichen Strafen der Verlorenen in der Gehenna. Wenn auch die Unseligkeit die gleiche ist, so werden doch die auferlegten Strafen nach Art und Maß der Versündigung bestimmt. (Das zeigen Stellen wie Matth. 10,15; 11,22–24; Luk. 10,14; 12,17.48 und 2. Kor. 11,15). So gesehen kann auch der Herr sagen, daß der Verlorene »sein Teil« empfangen wird (Matth. 24,51; Luk. 12,46).

Diese Verschiedenheit der Strafen hebt nicht auf, daß alle Verlorenen an einem Ort sein werden. Sie sind dadurch auch in eine Gemeinschaft mit dem Teufel und seinen Dämonen gezwungen. Es liegt gewiß nahe anzunehmen, daß der Teufel in der Gehenna die Funktion eines Kerkermeisters behält; werden doch er und seine Engel in der Geschichte der Menschheit als Verführer bezeichnet; besonders auch, weil er vor dem Thron Gottes als Verkläger fungiert.

Es wird gegen das Urteil der Schrift über die Verlorenen vielfach eingewandt, daß die Liebe Gottes die Gehenna nicht zulasse. Wer meint, die Hölle sei mit der Güte Gottes nicht zu vereinbaren, der vergißt, daß die Verdammnis der Gottlosen eine Forderung der göttlichen Gerechtigkeit ist, so wie die Seligkeit der Frommen eine Forderung der göttlichen Gnade (2. Thess. 1,6). Wer die Drohung der Verdammnis aufhebt, der hebt gleichzeitig die Verheißung der Seligkeit auf. Die Verlorenen empfangen das Urteil Gottes nur aufgrund ihrer eigenen und entschiedenen Willensentscheidung in diesem Leben. Der Strafvollzug Gottes setzt also die eigene Entscheidung voraus (Offb. 22,11–12).

Das Heute ist der Ruf zur Umkehr

Es gehört zum Ernst des Kreuzes Christi und zum unheimlichen Gewicht, das der Gnadentag Gottes hat, daß wir das Angebot der Entscheidung nicht mutwillig ausschlagen können, ohne die Konsequenzen zu tragen, auf die wir im Angebot der Gnade hingewiesen werden. Die einzige Neuigkeit des Erdentages ist der Ewigkeit Anfang in Jesus Christus, sagt Kierkegaard, und Hölderlin fragt, ob der Mensch auch verstehe, wohin er aufstehen wolle, zum Himmel oder zur Hölle.

Auch in der Entwicklung der Welt- und Heilsgeschichte, die im Pendelschlag von Gericht und Gnade, von Gesetz und Evangelium verläuft, erscheint die Vollendung als Mahnung und Wirklichkeit richtig. Bezzel sagt: »Die hier von einer Bekehrung nach dem Tode träumen, sind solche, die das Heute der Gnade nicht ernstnehmen und im Weinberg Gottes nicht arbeiten wollen.« Das Kreuz ist einmaliger und dauernder Ruf zur Bekehrung, und darum gilt für jeden: »Irret euch nicht, Gott läßt sich nicht spotten. Was der Mensch sät, das wird er ernten« (Gal. 6,7).

VII. Die Vollendung

1. Gott ist mit seiner Schöpfung am Ziel

Die Vollendung ist der Zustand, in dem der göttliche Ratschluß in der Erlösung sein Ziel erreicht hat. Was Gott in der Schöpfung des Menschen gewollt und angelegt hatte, findet in der Vollendung seine Erfüllung. Darum sagt auch der Herr bei seiner Wiederkunft, daß dieses Reich der Vollendung schon von Anbeginn der Welt bereitet war (Matth. 25,34).

Was bewirkt oder was bringt die Vollendung? Sie wird aus ihrem Bereich nicht nur alle Sünder (1. Kor. 6,9f.; Gal. 5,19–21; Offb. 22,3.15), sondern auch alle Folgen der Sünde ausschließen (2. Tim. 1,18; Offb. 21,4). Weiter wird sie das im Glauben an Christus geschenkte Leben zur Reife und Vollkommenheit bringen. Endlich wird in der Vollendung völlig wiederhergestellt sein, was Gott im Menschen einmal angelegt und wie er ihn gewollt hatte, was aber durch die Sünde verdorben wurde (Apg. 3,21). Das Ziel der Schöpfungsplanung wird somit in der Erlösungsplanung vollendet.

An vielen neutestamentlichen Stellen wird die Vollendung mit dem Einbringen der Ernte verglichen. In die himmlische Scheune wird eingebracht, was in jahrtausendelanger Säearbeit reif geworden ist zur Ernte (Matth. 13,39; 24,3; 28,20; Mark. 13,4). Das Ziel Gottes wird auch als eine Wiedergeburt oder Erneuerung in das gottgewollte Sein verstanden (2. Kor. 5,17; Offb. 21,5). Der Gedanke der Ernte (Mark. 4,26; Gal. 6,9; Offb. 14,14) legt die Frage nahe, in welchem Zustand wir als Ernte in das Himmelreich eingebracht werden. Das Himmelreich oder Reich Gottes hat zunächst allgemeine Bedeutung. Als »herbeigekommenes Reich mitten unter euch« (Luk. 17,21) erfüllt es sich in seinem missionarischen Auftrag, die Menschen zum Glauben an Jesus Christus zu bringen. Anders gesagt: das Reich, in das wir hier im Glauben eintreten und dessen Bürgerrecht wir erhalten, wird in der Vollendung erfüllte Wirklichkeit (Mark. 10,30; Matth. 8,11; Luk. 13,29; 1. Kor. 6,9; Gal. 5,21; Eph. 5,5; 2. Tim. 4,18; Matth. 25,34; Luk. 22,29).

Das ewige Leben

Die Vollendung aller Dinge ist deshalb nichts anderes, als daß das verborgene Reich Gottes sich enthüllt und offenbar wird (Luk. 19,11). Der Ausdruck, den die Schrift dafür an vielen Stellen bringt, ist »das ewige Leben«. Wegen der Fülle der Stellen (wörtlich in manchen guten Übersetzungen 43 Stellen, darüber hinaus viele Wortverbindungen, die dasselbe meinen), wollen wir auf deren Wiedergabe verzichten. Unter ewigem Leben wird das rechte, volle, wahre, in jeder Weise erfüllte Leben verstanden, im Gegensatz zu dem von der Sünde korrumpierten vegetierenden Leben. Der Eintritt in das vollendete Leben wird deshalb als das Anbrechen des Tages oder den Aufgang des Morgensternes gedeutet (2. Petr. 1,19; Offb. 2,28; 22,16). Mit dem Begriff »Leben« verbindet die Schrift dann auch den Inbegriff aller in der Vollendung zu erwartenden Heilsgüter. Sie bezeichnet die Gesamtheit dieser Güter als Erbe oder Erbschaft (Apg. 20,32; Kol. 3,24; Hebr. 9,15). Der Apostel Petrus nennt diese Erbschaft »unvergänglich« und »unverweslich«, die denen, die in Christus Gottes Kinder werden, schon jetzt im Himmel aufbewahrt wird, damit sie ihnen in der Vollendung zufällt (1. Petr. 1,4; Joh. 1,12). Für dies alles, was in der Vollendung den Erlösten zugedacht ist, benutzt die Schrift einen Ausdruck, für den es keine Steigerung gibt, wenn sie sagt, daß in der Vollendung *die Herrlichkeit Gottes an uns geoffenbart werden soll* (Röm. 8,18; 2. Kor. 4,17; Kol. 1,27; 1. Thess. 2,12).

Ewig selig und herrlich

Für die Erlösten vollzieht sich nun in der Vollendung die neue Wirklichkeit sowohl in der ewigen *Seligkeit,* als auch in der ewigen *Herrlichkeit.* Die Seligkeit bezieht sich auf das Verhältnis jedes einzelnen zu Gott und auf die sich daraus für das persönliche Leben ergebenden Folgen. Die Seligkeit ist also grundlegend für die Herrlichkeit. Nur wer selig ist, kann herrlich werden.

Die Seligkeit, zu der die Erlösten bestimmt sind, gehört nicht ausschließlich der Vollendung an (Phil. 1,28; Hebr. 1,14; 5,9; 1. Petr. 1,9; 1. Thess. 5,9): Die Gläubigen sind schon hier selig, wenn auch erst in der Gewißheit der Hoffnung (Röm. 8,24; Hebr. 6,5). Auch der Zwischenzustand ist für die Gläubigen unverrückbare Seligkeit. Was die Seligkeit der Vollendung von der im Zwischenzustand unterscheidet, ist der verklärte Leib. Für den verklärten Leib wird der Glaube zur Vollendung im Schauen Gottes. Dieses Erkennen Gottes wird unendlich tiefer, reicher und inniger sein, als wir es jetzt im Glauben haben. Es wird ein Erkennen sein, das aus der unmittelbaren Erfahrung mit Gott geschenkt wird.

Hier ist unser Erkennen Stückwerk, dort wird es ein Schauen von Angesicht zu Angesicht sein.

Hier ist unser Erkennen noch irrtumsfähig und geht durch die Reflexion, dort ist das Erkennen unmittelbar.

Hier wird unsere Gotteserkenntnis durch Sein Wort vermittelt, dort aus der Unmittelbarkeit der Begegnung.

Wir werden Gott sehen und anbeten

Schwierig ist auch die Frage zu beantworten, ob wir mit den Augen des verklärten Leibes den lebendigen Gott sehen werden. Hatte die Heiligkeit Gottes schon eine für Mose unübersteigbare Grenze – wer will da feststellen, wie weit Vollendete den Geist Gottes sehen können, der da in einem Licht wohnt, zu dem niemand kommen kann, »den kein Mensch gesehen hat noch sehen kann« (1. Tim. 6,16). Anders ist das mit Christus. Er ist nicht bloß geistig auf der neuen Erde gegenwärtig, sondern in der Herrlichkeit seiner verklärten Menschennatur (Offb. 22,3). Deshalb sagte Jesus schon hier: »Wer mich sieht, der sieht den Vater.« So dürfen wir annehmen, daß wir durch ihn hindurch Gott anbetend schauen dürfen (Joh. 17,24; Hebr. 12,14).

Gott hat seine erlöste Gemeinde nicht bloß vollendet, damit sie über ihn im Himmel diskutiert. Gott hat sie erlöst, damit sie ihn anbetet. Dies Anbeten vollzieht sich in einem liebenden Erkennen. Gott wird mitten unter ihnen wohnen, und er selber wird ihr Tempel sein. Gott wird ihr Vater und sie werden seine Kinder sein (Röm. 8,14). Er wird alles, was ihre verklärte Menschennatur zu fassen vermag, ihnen mitteilen und sie zu Erben des Segens machen (1. Petr.

3,9). Sie werden in Gott volles Genüge haben, und im anbetenden Dienst die höchste Seligkeit besitzen.

Wenn wir die Bilder der Bibel in der Gesamtschau nehmen: Die Krone des Lebens, die weißen Kleider der Reinheit und Gerechtigkeit, den Priesterdienst usw., so wollen sie nichts anderes besagen, als daß die Beantwortung der Lebensfrage des Menschen ihre höchste Erfüllung gefunden hat.

2. Die Frage nach dem Sinn ist beantwortet

Man hat die Frage aufgeworfen, ob es nicht die Seligkeit störe, wenn in der Blutskette der Erlösten jemand verloren gegangen sei. Das kann nicht der Fall sein, weil der Wille der Vollendeten mit dem Willen Gottes so einig sein wird, daß das Urteil Gottes als völlig gerecht nicht in Frage gestellt werden kann.

Wie nothaft diese Frage ist, habe ich im seelsorgerlichen Dienst immer wieder erfahren. Der einzige Sohn einer Mutter war im Kriege schwer verwundet. Im Lazarett, als er scheinbar schlief, hörte er, wie die Schwester sagte: »Es ist ein Jammer, die Lunge zu sehr beschädigt, er wird sterben müssen.« Der Verwundete nahm sich daraufhin das Leben. Er teilte der Mutter in einem Brief die Worte der Schwester als Grund für seine Tat mit.

Es ist mir bei all den Besuchen nicht gelungen, die Mutter, die mit Gott und der Welt völlig gebrochen hatte, aus ihrer Depression herauszubringen. Ich habe sie von der Tatsache nicht überzeugen können, daß mit dem Tode die Blutskette für immer durchbrochen ist – und daß Gott Gott ist und er allein recht richtet.

Die Tragik unserer »Warumfrage« wird im Himmel überholt sein, weil wir nun erkennen, daß Gott uns nicht nur in den Anfechtungen am nächsten war, sondern, daß er auch die Sinnfrage gelöst hat.

Wir dürfen auch annehmen, daß die Vollendeten in der Bewegung eines tätigen Lebens stehen werden. Wenn der getreue Knecht über viel gesetzt werden soll (Matth. 25,23) und es oft heißt, daß wir mit Christus herrschen werden, dann besagt dies, daß die Ruhe in Gott doch gleichzeitig höchste Aktivität in Gott sein kann.

Gottes Herrlichkeit bestimmt das Tun und die Ordnungen

Der einzelne ist auch im Himmel in die Gemeinschaft eingegliedert – das beweist der oft vorkommende Ausdruck, daß die Erlösten aus allen Nationen ein Volk sein werden. Gott wird bei ihnen wohnen und sie werden Sein Volk sein (Offb. 21,3). Wir dürfen daraus schließen, daß es auch im Himmel ein gegliedertes und geordnetes Gemeinschaftsleben gibt. Eine weitere Frage ist, ob es im Himmel auch ein Wachstum und dem Fortschritt Ähnliches geben wird. Schleiermacher hat angenommen, daß es die Bestimmung des Menschengeistes sei, am Ende in den Geist Gottes aufzugehen. Weil alle solche Entwicklungsvorstellungen aber in der Selbsterfassung enden müssen, glauben wir, daß das Tatleben der Vollendeten nicht Entwicklung aus dem Eigenen, sondern Entfaltung der Neuschöpfung Gottes sein wird.

Von einer Entwicklung des Menschen in der Herrlichkeit weiß die Schrift nichts; sie weiß nur, daß Gott ihn in Christus vollenden wird. Sie wiederholt dies auch immer wieder in den verschiedensten Wendungen. Es heißt, daß Gott uns in Christus zur Herrlichkeit beruft (1. Thess. 2,12; 1. Petr. 5,10) und daß Gott es ist, der uns herrlich macht (Röm. 8,30), daß Christus sich in uns verherrlichen wird (2. Thess. 1,10) und daß wir in und mit Christus verherrlicht werden (Röm. 8,17; Kol. 3,4; 2. Tim. 2,10). Die Heilige Schrift sagt auch, daß Gott uns den Reichtum seiner Herrlichkeit mitteilen wird (Röm. 9,23; Eph. 1,18f.). Es ist also *die Herrlichkeit Gottes,* auf welche wir als Erlöste mit Gewißheit hoffen dürfen (Röm. 5,2). Alles Eigene versinkt im wesenlosen Schein vor dieser Wirklichkeitsdeutung der Ewigkeit. Gottes Herrlichkeit – was könnte wohl herrlicher sein!

Wir dürfen nie vergessen, daß nach unserer Bekehrung auch unser Heiligungsleben nichts anderes bedeutet, als ewigkeitlichen Grundsätzen zu dienen. »Es ist noch nicht erschienen, was wir sein werden, wenn es aber erscheinen wird, werden wir ihm gleich sein« (1. Joh. 3,2). Auch der Zwischenzustand bringt nur die Seligkeit, nicht die Herrlichkeit. Die Herrlichkeit kann und wird erst mit der Vollendung beginnen. Bis dahin wird den Knechten Gottes ihr »Lohn« aufbewahrt im Himmel (Matth. 5,12; 6,20; 19,21; Mark. 10,21; Luk. 12,33; 18,22). Erst, wenn der Herr wiederkommen wird und sein

Lohn mit ihm (Offb. 22,12), erst, wenn der Erzhirte erscheinen wird (1. Petr. 5,4), dann werden sie die unverwelkliche Krone der Herrlichkeit empfangen.

3. Ich werde euch eine Wohnstatt bereiten

Für die Wohnung der Vollendeten gibt es verschiedene Bezeichnungen. Wenn die Schrift vom »Himmel« spricht, meint sie das selige Leben der Gläubigen. Außerdem drückt die Bibel aber diesen Zustand auch aus mit: Paradies, Gotteshaus, Zelt, Berg, Tempel, ewiges Jerusalem (Offb. 2,7; 7,15; Micha 4,1; Jer. 31,23; Eph. 2,21; Offb. 21).

Wir dürfen nun aber nicht vergessen, daß mit dem Worte »Himmel« genauso gut die Neuschöpfung der Erde gemeint sein kann. Die Neuschöpfung der Erde wäre ganz zwecklos, wenn sie nicht als Wohnplatz der Vollendeten dienen sollte. Man könnte auf die Scheunen Gottes verweisen, in die die Ernte gesammelt wird (Matth. 13,30), oder auf die vielen Wohnungen für die Jünger Jesu (Joh. 14,2). Der Gedanke an die neue Erde als Wohnort der Vollendeten liegt aber noch näher, wenn deren »himmlische Güter« mit ihrem irdischen Besitz verglichen werden (Hebr. 10,34), wie ja auch das irdische Vaterland dem himmlischen gegenübergestellt wird (Hebr. 11,13–16). Man kann sich das nur vorstellen, wenn man an Besitz, Land usw. denkt.

Der Himmel auf Erden – das neue Jerusalem

Wenn Petrus weiter sagt, daß in dem neuen Himmel und auf der neuen Erde Gerechtigkeit wohnen werde, dann setzt er voraus, daß Gläubige dort ihre künftige Heimat haben (2. Petr. 3,13). Eindeutig sagt auch der Herr in der Bergpredigt (Matth. 5,5), daß die Vollendeten das Erdreich besitzen werden. Das himmlische Jerusalem, wo die Seligen bei Gott wohnen (Hebr. 12,22–24), wird, nachdem die neue Erde erschienen ist, aus dem Himmel auf diese Erde herniederfahren als das neue Jerusalem (Offb. 21,1; 3,12), wo Gott seinen Thron aufrichtet und sein Volk sammelt. So wird die neue Erde selbst der Himmel sein (Matth. 5,34; 23,22).

Verstehen wir als Christen jetzt unter Jerusalem die überweltliche Gottesstadt, von der Paulus im Galaterbrief sagt, daß sie unser aller Mutter sei, so wird sie, wenn sie mit dem Thron Gottes vom Himmel auf die neue Erde herniederkommt, die zentrale Mitte für alle Erlösten sein, die aus allen Geschlechtern, Völkern, Zungen und Sprachen zum ewigen Leben berufen wurden. Damit erfüllen sich auch die alttestamentlichen Weissagungen, die in Jerusalem die Erfüllung Israels sehen (Jes. 4,5.6; 49,14f.; 54,1f. u.a.). »Da wird Gott Zion helfen, daß es sicher wohne« (Jes. 60,15), und seine Knechte werden ewig darin bleiben (Jer. 33,16; Sach. 8,8). Die apokalyptische Schau des alten Bundes deckt sich hier mit der des Sehers von Patmos.

Auch das Tempelgesicht Hesekiels sieht nicht allein den Tempel, sondern auch Jerusalem, Kanaan und die ganze Erde wiederhergestellt, erweitert und verklärt. Denn auch der bekehrte Rest aller Völker hat in dieser Gottesstadt seine Heimat (Hes. 40–48).

Wichtig erscheint es, daß wir in den prophetischen Visionen von dem neuen Jerusalem die sachliche Aussage, die uns betrifft, recht verstehen: Wenn das neue Jerusalem Mauern hat, dann ist das der Ausdruck dafür, daß die Sicherheit absolut gewährleistet ist. Und wenn auf jedem der Tore ein Engel steht, dann will das aussagen, daß dieser Cherub allem Unreinen, Gemeinen den Zutritt in die heilige Stadt wehren wird – ein Bild für die Geborgenheit (und nicht etwa für Gefährdung!).

Die Weissagungen der Apokalypse und Hesekiels wollen aussagen, daß es in dieser Welt keine Stadt gibt, die an Mächtigkeit und Herrlichkeit dieser zukünftigen vergleichbar wäre.

Einen Tempel wird es in dieser Stadt nicht geben, weil Gott selbst und das Lamm der Tempel sind. Gott selbst ist gegenwärtig, und damit sind Wort und Sakrament überholt. Die Vollendeten werden selber Priester sein und der priesterlichen Vermittlung nicht mehr bedürfen.

In der Vollendung wird auch der Umgang des Menschen mit Gott anders sein als jetzt, wo wir mit ihm im Glauben verbunden sind.

Nicht allein die Gottesstadt der neuen Erde, sondern auch Gott selbst und der Herr werden neu mit Namen genannt werden – d.h. die Erlösten werden erstmals überhaupt Gottes Namen erfahren und im Gotteslob aussprechen dürfen – nur für sie ist Gottes heiliger Name nun offenbart und deshalb neu. Diesen offenbarten Namen des Herrn soll jeder Erlöste als Zeichen an der Stirn tragen (Offb. 2,17 u. a.). Trug im alten Bunde der Hohepriester ein Stirnband, auf dem stand »Heilig dem Herrn«, so ist das auch vorbildlich für die vollendete Gemeinde (2. Mose 28,36f.). Das Geheimnis des Herrn mit seiner Gemeinde findet in diesem Bilde seine tiefste Bedeutung. Dazu gehört auch, daß Gott sich in der Vollendung in einer viel tieferen und anderen Art den Menschen verbinden wird.

Die innerste Verbundenheit wird dadurch angedeutet, daß die Leuchte in der ewigen Stadt das Lamm ist. Die Bewegungen in weißen Kleidern weisen auf die Reinheit und Gerechtigkeit hin. Das Bürgerrecht der Stadt ist unverlierbar und im Lebensbuch eingetragen.

Das Licht aus der Gottesstadt

So wird sich in der Vollendung die Bedeutung des alttestamentlichen Opfermahls erfüllen, und der Herr wird in voller und dauernder Gemeinschaft mit seinen Erlösten leben, und für jeden einzelnen wird dies Leben in Vollendung sein: ER wird den Erlösten dienen, und sie werden ihm dienen und in Haus- und Tischgemeinschaft in allem volles Genüge haben, und die Herrlichkeit Gottes wird die ganze Erde überleuchten. Die alttestamentliche Prophetie wußte um diese Heilszeit, da die Herrlichkeit des Herrn von Jerusalem aus ihr Licht über die ganze Welt ausstrahlen wird, um sie zu erleuchten (Jes. 24,23; 60,1f. usw.). Von dieser erfüllten Stunde wußte auch der Seher von Patmos. Sie wird sich auf der neuen Erde verwirklichen (Offb. 21,11.23; 22,5). Die Herrlichkeit Gottes und des Lammes erleuchtet die Gottesstadt und erübrigt das Licht der Sonne und des Mondes (Offb. 21,23.25) und macht die Nacht zum Tage. Diese Herrlichkeit wird auch keine Sorgennächte, Depressionen, Trübsal und Sünden mehr aufkommen lassen; denn Gott selber ist Licht und Leben (Joh. 1,4.5).

Ein weiteres Bild für die neue Welt ist der Strom des Lebenswassers (Offb. 22,1–2). Dieser Strom sucht sein Urbild in dem Schöpfungsbericht vom Paradies (1. Mose 2,9.10). In der prophetischen Schau des Alten Testaments kehrt dieser Strom wieder (Hes. 47,1; Sach. 14,8). Er entspringt im Tempel und strömt Heil und Leben auf alle Menschen aus. Johannes sieht diesen Strom in der Heiligen Stadt. Die Vollendeten werden zu den Wasserquellen des Lebens geleitet. Die Durstigen trinken von dem Lebenswasser, das vom Throne Gottes und des Lammes ausgeht, umsonst; es ist klar wie ein Kristall (Offb. 21,6; 22,1.17).

In der Zusammenschau mit den alttestamentlichen Stellen ergibt sich, daß dieses Wasser das neue Leben aus Gott bedeutet. Dieses Lebenswasser wird Gott durch Christus an seine Vollendeten verströmen, damit sie trinken, Leben und volles Genüge haben (Joh. 4,13f.). Die Wirkungen dieses Stromes gehen über die ganze neue Erde und erstrecken sich auf alle Bewohner. Wurde im Paradies der Mensch durch den Sündenfall vom Baume des Lebens geschieden, so wird jetzt das Paradies und darin das neue Leben die Wirklichkeitserfüllung auf der neuen Erde. Die ganze neue Erde ist das Paradies; die Menschen leben in vollkommener Gerechtigkeit, Unschuld und Seligkeit.

Wenn schon Jesaja und Hesekiel in der Vollendung die Wiederkehr des Paradieses erblicken und die Verwandlung der Erde in den Garten Eden – wie sehr erst die Offenbarung Johannes! An beiden Seiten des Lebensstromes werden die Bäume des Lebens wachsen. Die vollendete Menschheit soll nicht nur aus dem Lebenswasser trinken, sondern sich auch an den Früchten dieser Lebensbäume, die sie unausgesetzt alle Monate hervorbringen, satt essen. Selbst die Blätter dieser Lebensbäume erhalten die Völker absolut gesund.

Die bildhafte Sprache will aussagen, daß die Vollendeten mit allem ewigen Gut gesättigt werden. Die Erlösten werden das göttliche Licht und Leben in der unmittelbaren Gemeinschaft mit Gott ausstrahlen. Die eigentliche Mitte der neuen Erde und des neuen Himmels ist die ewige Gottesstadt. Sie hat wie die Stiftshütte, der alte Tempel und wie das neue Jerusalem Hesekiels (Kap. 48,30f.) vier Seiten. Hierin wird ausgedrückt die ökumenische Bedeutung der Gottesstadt als geistliches Lebenszentrum. Alle Weissagungen der Bibel werden sich im neuen Jerusalem als erfüllt darstellen. Hier steht der Thron Gottes und des Lammes, und so ist hier für das Gottesvolk, das auf der neuen Erde wohnt, das Allerheiligste.

4. »Brautgemeinde« Gottes und das große Mahl

An unzähligen Stellen der Bibel wird das Verhältnis Gottes zu seiner Gemeinde als Ehe begriffen. Sie ist unter allen irdischen Verhältnissen das der engsten und unauflöslichsten Gemeinschaft. Im Neuen Testament ergänzt sich das Bild dadurch, daß der Herr als Bräutigam dargestellt wird, der um die Braut wirbt (Matth. 25,1.6; Joh. 3,29; 2. Kor. 11,2). Das Werben um die Braut und die Gemeinschaft im Glauben führt mit der Wiederkunft Jesu zur »Hochzeit« (Matth. 25,10; 22,2-14; Offb. 19,7-8). Das Bild der Ehe findet hier seine tiefste und höchste Vollendung.

Die Begegnung in der Vollendung zwischen Brautgemeinde und dem Herrn deutet sich als »Hochzeit des Lammes«. Was will das anders besagen als das ewig unauflösliche Band der tiefsten Liebe und der vollsten und seligsten Gemeinschaft im Geben und Empfangen (Eph. 5,29) – ein unvorstellbares Glück.

Ein anderes Bild für diese innigste Gemeinschaft zwischen dem Herrn und seiner vollendeten Gemeinde ist das Mahl – seine Symbolkraft wird von den Orientalen des Altertums viel besser verstanden worden sein als von uns heute. Es wird in der Gemeinde des alten Bundes und in seinen Verheißungen schon vorweggenommen (Psalm 36,9f.; 22,27.30; Jes. 65,13; Matth. 5,6) und veranschaulicht im Neuen Testament in der Himmelsmahlzeit mit dem Herrn das unmittelbare Verhältnis zwischen ihm und seinen Erlösten. Wer diese Einladung annimmt (Matth. 8,11-12; Luk. 13,28-29), der wird erfahren, was Jesaja (25,6) schon wußte, daß nämlich viele aus den Heiden mit den Patriarchen zu Tische sitzen werden. Die Unmittelbarkeit dieser Tischgemeinschaft wird noch dadurch verstärkt, daß der Herr jedem Überwinder verheißt, mit ihm das Mahl zu teilen.

»Er wird sich schürzen und wird sie zu Tische bitten und kommen und ihnen dienen« (Luk. 12,37; 22,29; Joh. 13,1ff.).

Auch die Speise, die der Herr den Seinen in der Vollendung geben wird, hat alttestamentlichen Bezug (2. Mose 16,4; Psalm 78,24f.; 115; Neh. 9,15; Joh. 6,31): Es ist das verborgene Manna (Offb. 2,17). Dieses Himmelsbrot des Herrn, das hier noch Geheimnis ist, wird die Ernährung des ewigen Lebens sein.

Haupt und Glieder

Die neue Menschheit wird ein einheitliches Gottesvolk sein: der heilige Rest der aus Israel Berufenen und das Gottesvolk aus aller Welt. Sie alle sind zu einer echten Ökumene verbunden. Man wird nicht mehr in Jerusalem, sondern auf der ganzen neuen Erde wohnen. Wir tun gut, uns die Herstellung der neuen Menschheit aus der glaubenden Gemeinde als Leib Christi so vorzustellen, daß im Endgericht jeder einzelne nach dem, was er hier war und tat, seinen ewigen Lohn empfängt und den Platz als Aufgabe bekommt, den der Herr ihm zuweist. So wird die neue Menschheit zwar aus vielen verschiedenen Gliedern bestehen, aber in ihren Lebensordnungen von Christus dem Haupt regiert werden (Eph. 4,5; Kol. 2,13).

Wenn wir die Gesamtaussagen der Schrift über das Fortleben nach dem Tode und den Zustand in der anderen Welt überdenken, sollen wir nüchtern auf dem Boden des Wortes bleiben, die uns gegebenen Bilder stehenlassen und nicht durch ausschweifende Gedanken entstellen. Der Herr ist selber die Garantie für die erfüllte Wirklichkeit. Was ER mit seinem Blut unterschrieben, in seiner Auferstehung beglaubigt hat, wird er auch an seinem Tag und in seinem Reich erfüllen. Wenn auch viele Fragen offen bleiben – wir stellen sie zurück bis zu seinem Tag. Der Hirt ist größer als die Herde! Wir haben uns daran genügen zu lassen, im völligen Vertrauen zu wissen, daß er über jedem ein barmherziger und gerechter Richter ist.

Das jüngste Gericht ist endgültig. Ein jeder wird über soviel gesetzt, wie er verdient hat. Die Jünger, die hier in der Nachfolge wirklich fruchtbar wurden, werden nicht einmal wissen, daß ihre Nachfolge Frucht wurde.

Diese heilige Unwissenheit – »Herr, wo haben wir dich krank, gefangen oder elend gesehen?« – ist die tiefste und völligste Deutung der Furcht vor dem Herrn. Wer hundertfältig empfangen wird, wird nur staunen. Letzte, die Erste werden, fragen: Wie ist das möglich? (Matth. 19,30; Mark. 10,31; Luk. 13,30).

Je näher diese Welt ihrem Ende zueilt, umso angefochtener wird der Weg der Gemeinde sein. Der Feind weiß, daß er wenig Zeit hat. Aber die Kirche – die Gemeinde Jesu – ist rückversichert für alle Lagen. Sie wird auch in der Wüste, im Angesicht des Drachens, ernährt. Kann es eine herrlichere und größere Gewißheit geben als die, daß wir Erben sind eines Reiches, das von Anfang der Welt bereitet wurde (Matth. 25,34)? Wer seinen Hochzeitstag schon vor sich sieht, der ist um irdischen Tand nicht mehr bemüht. Gibt es einen größeren Adel als den, daß wir zum Priester- und Königtum berufen sind? Gibt es einen seligeren Dienst als den, dem größten aller Herren in Ewigkeit zu dienen?

5. Gott alles in allem

Am Ende werden alle Dinge zusammengefaßt sein unter dem Haupte: Christus (Eph. 1,10.22). Er wird seine Herrschaft mit dem Vater und dem Heiligen Geist teilen. Er wird, nachdem er alle seine Feinde überwunden und die Schöpfungsordnung in der Erlösungsordnung ihre Vollendung gefunden hat, die Herrschaft in die Hände des Vaters zurückgeben.

Die vollendete Gottesherrschaft wird sich im Leben der neuen Menschheit ausdrücken. Das Volk des Eigentums, das heilige Volk, das der Herr einmal in Israel suchte, findet in der erlösten Gemeinde seine endgültige Erfüllung – einer Gemeinde, die nicht nur berufen, sondern auch erwählt wurde. Eine neue Menschheit auf einer neuen Erde ist die Vollendung der Wege Gottes. Das Abbild der Gottesherrschaft in Israel hat nun sein Urbild. Der unsichtbare Leib Christi, der mit Seinem Blut erkauft wurde, singt nun vor allem, was lebt, das Jubellied am kristallenen Meer.

Dieses Reich der Vollendung wird ewig sein. Seine Hütten werden ewig und alles unverwelklich sein. Niemand kann mehr sterben, denn der Tod ist durch den Herrn überholt – es gibt ihn nicht mehr. Es gibt keine Vergangenheit und keine Zukunft mehr, die unseren irdischen Vorstellungen vergleichbar wären. In Christus ist nur noch erfüllte Gegenwart.

Ein Kunstwerk ist um so größer, je mehr es über sich hinausweist. So ist es auch mit den gleichnishaften, bildhaften Aussagen über die kommende Welt. Sie sind der Versuch, uns das Unsagbare sagbar, das Unvorstellbare vorstellbar zu machen. Was kein Aug gesehen und kein Ohr gehört, das hat Gott bereitet denen, die ihn lieben. Als die Königin von Saba von den Schatzkammern Salomos kam und sie nach ihrem Eindruck gefragt wurde, antwortete sie: »Nicht die Hälfte hat man mir gesagt.« Weder durch Wort, noch durch Vision ist es letztlich möglich, das Unsagbare so deutbar zu machen, daß sein Geheimnis dem Verstande erklärbar wird. Nur mit dem sechsten Sinn des Glaubens, wie Luther das nannte, können wir das Geheimnis Gottes und der neuen Welt erahnen.

Das neue Lied, das dort am kristallenen Meer gesungen wird, intoniert der große Musikmeister, der Heilige Geist, hier nur in den Anfangsakkorden.

Wir sehen jetzt durch einen Spiegel ein dunkles Bild, morgen aber von Angesicht zu Angesicht. So ist die Begegnung mit dem Ewigen mehr als ihre Deutung. So ist auch nur die erfüllte Zeit im Grunde zeitlos – unvorstellbar für uns in dieser irdischen Zeit lebende Menschen.

Eine sehr persönliche Frage

Leben nach dem Sterben: Es war ein Unteroffizier aus Thüringen, der auf dem Hauptverbandplatz im letzten Kriege vor mir lag. Um uns herum nur sterbende Kameraden. Wie schnell läuft da die Zeitenuhr. Lange Predigten kann man da nicht halten. Man sucht die Nähe des anderen, wie Gott sie in Christus mit uns gesucht hat. Man versucht Liebe zu geben, Mitmenschlichkeit, die ohne Liebe Lüge wäre. Hatte man endlich die Nähe gefunden, kam die Aufforderung: »Wenn du noch ein Geheimnis mit der Sünde hast, dann komm zu Jesus!« Ich fragte: »Sollen wir beten?« Er antwortete: »Nein, ich kenne Jesus; aber die anderen – geh zu ihnen!«

Es gibt nur eine Frage, die über die Ewigkeit entscheidet: »Kennst du Jesus?« Da spielt es keine so große Rolle, ob ich mir das Jenseits in allen Einzelheiten richtig vorstellen kann. Entscheidend ist die Gewißheit: »Bin ich über die Todeslinie hinweg im neuen Leben mit Gott?« Gott hat seine Gemeinde nicht erwählt, daß sie wissenschaftliche Konferenzen über das Geheimnis von Schöpfung und Erlösung hält, sondern in ihrer Aufgabe als Könige und Priester hat er sie in das Geheimnis ewiger Anbetung hineingenommen: »Gelobt sei Gott und der Vater unseres Herrn Jesu Christi, der uns nach seiner großen Barmherzigkeit wiedergeboren hat zu einer lebendigen Hoffnung durch die Auferstehung Jesu Christi von den Toten zu einem unvergänglichen und unbefleckten und unverwelklichen Erbe, das behalten wird im Himmel« (1. Petr. 1,3–4).

Der Triumphzug

Als der Apostel Paulus auf der Via Apia in Rom stand, wurde ihm diese Straße, auf der die Cäsaren im Triumphzug nach den Siegen in Rom einzogen, zu einem gleichnishaften Bild. Er schrieb an die Kolosser: »Gott hat *die Mächte und die Gewalten* ihrer Macht entkleidet und sie öffentlich zur Schau gestellt und hat einen Triumph aus ihnen gemacht in Christus« (Kol. 2,15); und an die Korinther schreibt er: »Gott aber sei Dank, der *uns* allezeit im Triumphzug herumführt in Christus . . .« (2. Kor. 2,14).

Wie sah solch ein Triumphzug aus? Vor dem Siegeswagen des Kaisers marschierten die Kolonnen der Gefangenen. Je größer die Beute, um so herrlicher der Triumph. Genauso ist es mit dem Siegeswagen Jesu Christi. Seit Jesus über diese totgeweihte Erde am Kreuz rief: »Es ist vollbracht«, sind alle Höllengewalten und Mächte vor den Triumphwagen Jesu Christi gespannt – und wir triumphieren mit in Seinem Gefolge.

Was werden wir entdecken bei diesem triumphalen Einzug in die ewige Stadt?

Nun, am kristallenen Meer vor dem Thron werden wir stehen und voller Dank bekennen:

> »Hätt'st du dich nicht zuerst an mich gehangen,
> ich wär von selbst dich wohl nicht suchen gangen.«

Gibt es eine größere Ehre, eine größere Freude, als durch Jesus Christus in die ewige Stadt einzuziehen?

Die Legionäre kamen aus harten Kämpfen. Sie hatten dem Tode ins Auge geschaut. Die Narben und die Wunden zeugten davon. Aber das alles ist vergessen, wenn sie den größten Augenblick der Weltgeschichte erlebten: Wenn vor dem Sieger sich alle Knie beugen, die im Himmel und auf Erden und unter der Erde sind, und alle Zungen bekennen, daß Jesus Christus der Herr ist zur Ehre Gottes des Vaters (Phil. 2,10–11).

> Bald schlägt die große Weltenuhr
> den Schlag der Mitternacht.
> Still liegt der Abend auf der Flur
> die Gottheit schreitet sacht.
> Herr, hell mein Auge, daß es wacht,
> wenn übergeht die Zeit.
> Beim letzten Schlag der Mitternacht
> geht's heim zur Herrlichkeit.

Es gibt unter den neueren Theologen für mich niemanden, die die erfüllte Ewigkeit in Jesus Christus so lebte wie der größte Sohn der bayerischen Kirche, Hermann Bezzel. Er hat in prophetischer Klarheit die Krisis unserer Zeitstunde vorausgewußt und die Endzeit gesehen als eine Zeit des Abfalls und der Erweckung zugleich. Die Gemeinde Jesu hat ihren größten Auftrag in der Stunde, wo diese Welt im Abendschatten des Unterganges liegt. Die Kirche hat nur dann noch eine Botschaft für die sterbende Welt, wenn sie sich selbst jenseits der Todeslinie in der überholten Zeit weiß.

Ich möchte deshalb dem Mann, dem ich selbst für Dienst und Amt das meiste danke, das Wort geben, das mich selber einmal in Vollmacht ausgerichtet hat:

Die große Freude

Der gläubige Christ reift dem letzten Tage dann entgegen, wenn er immer kleiner in den Anforderungen an andere, immer strenger in den Anforderungen an sich, immer einsamer in der Welt, immer gemeinsamer mit dem Herrn wird. Ja, wenn alle großen Fragen zu kleinen werden und alle kleinen Fragen zu großen. Dieser letzte Tag wird eintreten, wenn die völlige Reife des Menschenbildes erschöpft ist. Das ist dann der Fall, wenn alle Potenzen, die mich selig machen sollten und meine Seligkeit herbeiführen wollten, mir gegeben sind. Habe ich sie benützt, wohl mir! Habe ich sie mißbraucht, wehe mir! Aber wenn die Minute der Ausrufung ausgeschlagen hat, hält sie keine Ewigkeit mehr zurück. Das Sterben will nach der gnadenreichen Zusage Gottes in Christo uns der Sünde ewig fern, dem Heil immer näher, ja, ewig nahe bringen. Nach der Todesstunde wird man erst wahrnehmen, welch eine Arbeit sich der Herr auf die letzten entscheidenden Momente aufgespart hat. Wir stehen oft an Sterbebetten und können es ja nicht sehen, welch ein reinigender Prozeß hier vorgeht. Es liegt eine unmittelbare Wahrheit in dem 13. Artikel der 95 Thesen: »Das rechte Fegefeuer ist die Stunde des Todes«! Im Moment des Todes selber ist das Fegefeuer, das unser nicht wartet, wenn wir gestorben sein werden. Wir sehen deshalb unsern Sterbenden mit Andacht zu; wir helfen ihnen mit den tragenden Worten der Heiligen Schrift, und sie sorgen sich um unser Gebet. Im Tode schwinden die Hüllen, die Jesum verborgen haben; es schwinden auch die Zeichen, die ihn angedeutet. Es tritt der Herr persönlich in eigenster Person heran, weil ER in Sterbensnöten die Gottverlassenheit selbst erfahren hat. Dieser drohenden Gefahr der Gottverlassenheit tritt ER in unserm Sterben entgegen. Wie das Haupt gelitten hat, so leiden die Glieder, und sie sollen gekrönt werden, wie das Haupt mit einer Krone beschenkt ist.

Der Apostel sagt, wir werden unbekleidet vor IHM erfunden werden. Der eine hüllt sich in das Verdienst Christi, das ihn allewege bedeckt hält. Der andere hüllt sich in die Gottesferne der Verhältnisse, in die Gewohnheiten der ganzen Situation, in der er geboren ist.

Nun tritt zum erstenmal der Moment der Momentlosigkeit ein, die Grenze zur Zeitlosigkeit wird überschritten. Es ist keine Gefahr mehr von Langeweile und Zeitlänge, denn die Zeit ist vorüber. Wir stehen jetzt der Zeit als einem überwundenen Standpunkt gegenüber. Es gibt nichts mehr, was uns an die Zeit hält, auch nichts mehr, was die Zeit an uns hält. Wir haben nichts mehr von der Zeit zu erwarten, weil sie nichts mehr von uns zu fordern hat. Wir stehen allein –! Das ist der Ernst des Sterbens, das den Manne Gottes, der soviel Gräber in der Wüste graben mußte, beten heißt: »Lehre mich bedenken, daß ich sterben muß, damit ich klug werde!«

Jetzt flüchte ich mich vor mir selber auf meine Umgebung; ich stürze mich in die Arbeit; ich rufe das Vergnügen herbei; ich genieße die Frucht der Zeit, damit ich das Ewige darüber vergesse. Aber in der Todesstunde zerfällt das alles – ich bin allein, allein mit mir, allein mit meinem Herrn. Hat ER Gestalt in mir gewonnen, ist der werdende Christ ein gewordener. Wohl mir, dann nimmt ER mich auf. Da, wo ER ist, da ist Himmel, und wenn ich in die tiefste Hölle geworfen würde. Wo ER mich ansieht mit den Augen des Erbarmens, da ist meine Seligkeit. Unsere Kirche sagt so oft: »Das Wo sei dir befohlen, aber um das Wie bitte ich täglich! Wo du mich hintust, wenn ich alleine bin, das ist mir gleichgültig, darüber habe ich mir noch nie den Kopf zerbrochen. Wenn ich nur weiß, wie du mich leitest: Du leitest mich nach deinem Rat und nimmst mich endlich mit Ehren an.«

Und dann tritt die Seele unmittelbar vor ihren Herrn. Wenn sie IHM zu eigen war, wird ihr die große unermeßliche Überraschung zuteil, daß von ihrer Sünde und Schuld nicht mehr geredet wird. Die Todesstunde hat Hölle und Hülle überwunden. Jesus hat den Menschen zu sich gezogen aus lauter Güte, der seine Güte hier auf Erden begehrte.

Wer dann heimgekommen ist, der ruht aus von seinen Werken, gleich wie Gott von den Seinen. Er ist in einem süßen Traumleben, ohne Schlaf. Es ist keine Lehre vom Seelenschlaf, wie es manche Mystiker behaupten: »Die Seele schläft.« Die Seele ruht im Frieden Gottes, sie sieht Jesus und ER sieht sie. Sie ist, um mit dem Hebräerbrief zu reden, zur großen Versammlung der Engel und der Erstgeborenen, der vollendeten Gerechten, der Geister, die im Himmel angeschrieben sind, die Seele ist in die Gemeinschaft all der Seinen gekommen. Es wird aber noch eine kleine Ruhe sein, eine Erholung von den Wehen dieses neuen Werdens, ein Sich-Gewöhnen an diese neuen Verhältnisse, die die Begriffe Raum und Zeit nicht mehr haben.

Was wird das für eine Arbeit sein in der seligen Ruhe! Zeit und Raum nicht mehr haben, Tausende von Jahren in Minuten durchkosten – und unser Leib fällt dem Verwesungsgericht anheim. Nicht die Schöpfung eines neuen Leibes glauben wir, sondern eine Neuschöpfung des alten. Wir halten fest an der Identität dieses armen Leibes mit dem Auferstehungsleib. Abgefallen ist von diesem Leib seine Schmach und Schwächlichkeit, seine arme Materialität, sein aus Leim gemachtes Wesen. Es ist derselbe Leib, deshalb ist ein Erkennen möglich.

Die Seele sucht ihren Leib wieder, wenn sie zum jüngsten Gericht mit ihrem Herrn herniedersteigt. Es ist die geheime Zugkraft von Leib und Seele. Der Leib, den die Seele aufsucht, war hier oft unter der Sünde geknechtet, die Seele oft von seiner Schwachheit gebannt. So soll der Leib ein vollkommen reines, der verklärten Seele adäquates Wesen werden. Es gibt ein beglückendes Erkennen am Tage Jesu: »Wie wir getragen haben das Bild des Irdischen, so werden wir auch tragen das Bild des Himmlischen.«

Man frage nicht, wie lange die Seele auf den neuen Leib warten muß. Der Zeitbegriff ist ausgetan. Ob ein langes Warten, oder ob ein kurzes Warten, das sind Übertragungen von irdischen Begriffen. Aber das wissen wir: Was wir vielleicht Jahrtausende nennen, das wollen wir mit dem Worte des Herrn Jesu »Die letzte Stunde« heißen. Es ist verkehrt zu fragen: »Wie lange muß meine abgeschiedene Seele auf die Vereinigung mit dem verklärten Leib warten?« Das »lang« oder »kurz« hört auf. Es ist dann Ewigkeit. Tausend Jahre sind vor IHM wie ein Tag und ein Tag wie tausend Jahre. Vom Ende her gesehen ist die Erdenzeit nur eine in Raum und Zeit hinein projezierte Minute der Ewigkeit.

Was ein Leben nicht erreicht hat, das erreicht eine Todesstunde, und was Geschichtsentwicklungen von Jahrtausenden nicht herbeigeführt haben, das kann ein einziges Jahr zu Ende führen. Wenn der Strom zum Meer fließt, geht es immer schneller. Laßt uns nicht vergessen: Wenn nun alles vollendet sein wird und der Herr Christus mit den Seelen kommt, werden sie alle ihren Leib suchen und finden. Es ist der neue, der verklärte Leib. Es ist ein Leib, der aus der Vernichtung des vorigen hervorgegangen ist; es ist ein Leib, der aus dem Unsterblichkeitskeim, der in diesem Leibe liegt, geworden ist. Dann wird die Seele mit diesem Leibe sich vereinen, leidlos, sündlos, wunschlos und wandlungslos. Die Seele wird mit dem Leibe aller Schwachheit entnommen, durchgeistigt versühnt und entsündigt, mit dem Leibe vereint heimkehren. Dann werden auch diejenigen, die sich der Erlösungsgnade ferne gestellt haben, den Leib tragen, der das Weh der Gottesferne ausgeprägt trägt. Hier tragen wir schwer daran, daß oft ein recht ernstes, würdiges Seelenleben in einer gebrechlichen häßlichen Höhle geborgen ist. Und noch schwerer tragen wir daran, daß in schönen anmutigen Erscheinungen eine Hölle von Sünde, Schmach, gotteslästerlichen Gedanken sich birgt. Das wird nach dem Tode aufhören. Es wird der Leib und die Seele ganz homogen sein. Gottesferne heißt dann: »Gottesferner Leib«.

Und dann ist die Einzelgeschichte in die gesamte Geschichte des Gottesreiches hineingenommen. Jetzt ist der einzelne noch nicht Geschichte geworden und hat es noch nicht gelernt, seine Fragen den großen Geschichtssorgen unterzuordnen und seine Angelegenheit vor den großen Angelegenheiten des Christusreiches zurücktreten zu lassen.

Aber droben ruft die verklärte Geist-Leiblichkeit nach einer Verklärung aller Dinge, die nicht nur dem einzelnen, sondern auch der ganzen Kirche und der Natur zuteil wird.

Auch die Kirche, in ihrem engsten Sinne gesprochen, die Gemeinde aller Gläubigen, die Gemeinde der Endzeit, die, ehe das Ende kommt, sich aus allen Teilkirchen innerlich zusammenschließen wird, nicht in der Verfassung und äußeren Organisation, sondern in Herzensvereinigung, in innigster Andacht, in herzlicher Arbeit für Ihn und um Ihn – auch die Kirche wird ihre Sterbestunde erleben. Sie wird den Leib, den sie hier gebaut hat – heißt er Landeskirche, Volkskirche, Freikirche – zerstört sehen. Sie wird erfahren und inne werden, was der Apostel spricht: »Durchs Feuer gerettet.« Es wird das Weh ihr nicht erspart bleiben, daß sie, weil sie oft Fleisch für ihren Arm und weltliche Politik für ihren Gott hielt, nur ausgereift und auserwählt gemacht werden wird im Ofen des Elends. Aber weil sie Treue hielt, wird der Herr sie in der großen Todesstunde erhalten, da der Versucher in der Gestalt des Antichrist an sie herantreten wird.

Es wird die gewaltigste Erscheinung des widerchristlichen Prinzips, der Schlußstein aller satanischen Feindschaft sein. In der Sterbestunde der Kirche, wenn der Antichrist kommt, fällt alles dahin, was die Kirche bisher ihr Eigen nannte. Es fallen dahin ihre Gebete, ihre gesegneten Ordnungen, die aufhaltenden Mächte, die christlichen Gesetze, die Grundanschauungen. Alle Stützen der Kirche sind nun gefallen. Wie ein Blatt lebt sie im Winde. Sie ist ganz arm geworden. Aller Einfluß ist ihr genommen. Es gibt keine christliche Bildung, keine christliche Schule, keine christliche Ordnung mehr. Die Kirche ist, wie in den apostolischen Zeiten, auf ein armes, versprengtes Häuflein zurückgeführt.

Wenn dann ihre Qual unaussäglich und unleidlich erscheint, dann wird der Herr Jesus kommen und den Antichrist entlarven, mit dem Worte seines Mundes den Gottlosen töten und seine Kirche heimführen. Und in diesem großen Finale der Weltgeschichte wird zwar nicht logisch, aber doch faktisch gewiß auch die Erneuerung der ganzen Natur statthaben. Es hatte bisher die »Welt ihr Werktagskleid an«, sagt Luther in seiner Predigt am 4. Sonntag nach Trinitatis. Jetzt wird sie ihr Sonntagskleid bekommen. Jetzt scheint die Sonne gar verdrießlich und befleckt; sie hat zuviel Sünde sehen müssen. Aber dann freut sie sich, daß sie selbst neu wird und eine neue Erde beleuchtet. Dann wird auch die Natur zum Sonntagsfrieden erhoben. Siehe, ein neuer Himmel und eine neue Erde.

Es freut sich die Vollendungsgemeinde auf Erden, und die vollendete Gemeinde geht in den Himmel. Es ist – mit anderen Worten – die Kluft zwischen Sichtbarkeit und Unsichtbarkeit gefallen, und es ist nun alles eine Verklärung, eine Heimat und ein Friede. Und dann ist das letzte Wort der Weltgeschichte gesprochen. Und ER, der die Weltgeschichte angefangen hat, der die Erlösung vollbracht hat, spricht: »Es ist geschehen, was du befohlen hast.«

Das ist die Seligkeit all der Seinen, daß jeder auf die gottgewollte Frage seines Lebens die volle zureichende Antwort empfängt, für alles Sehnen eine wirkliche Erquickung, für alle Mühsal eine barmherzige Lösung. Alles ist Heimat, alles ist Vaterhaus; alle Gedanken werden ein Gedanke: »Jesus in Ewigkeit.«

Die Seele ist aus der Stille in die Aktion getreten. Auf die Geschichte der Sünde folgt die Geschichte der Gnade – eine Geschichte, die zwar keine Stufen der Seligkeit kennt, wohl aber Stufen der Herrlichkeit. Eine andere Herrlichkeit haben die Sterne, eine andere Herrlichkeit hat der Mond, eine andere hat die Sonne, bezeugt Paulus in 1. Korinther 15. Und doch ist nur eine Klarheit und nur ein Licht. Es wird ein Fortschritt sein vom Kennen zum Erkennen, vom Erkennen zum Bewahren, vom Bewahren zum Lehren, vom Lehren zum Erkennen. Ein ewiger Kreislauf Gottes und der Gemeinde in Ihm. Dann werden wir sagen müssen: Wir haben nun empfangen, worauf wir angelegt sind.

Zur Ewigkeit berufen, können wir ohne sie nicht rasten, indem wir das unermeßliche Gebiet dessen ansehen, was wir erkennen müssen, die furchtbar große Aufgabe; ein Menschenleben Ihm zur Ehre zu gestalten, begehren wir die Ewigkeit. Sie wird uns alle Fragen lehren und alle Aufgaben zureichend lösen. In uns selber ist nicht bloß Erwartung der Ewigkeit, in uns ist das große Bedürfnis der Ewigkeit. Es liegt im Endlichen, das da fähig war, das Unendliche aufzunehmen, eine ungestillte Sehnsucht, bis es ganz sich auslernt, auslebt und ausliebt.

Und wenn du nun über einen Friedhof gehst, der morgen dein eigener ist, und wenn du die verwitterten Kreuze ansiehst und die verfallenen Steine betrachtest und du kannst die Namen, die auf den mit Moos und Flechten überwucherten Steinen stehen noch entziffern, dann erscheint dir der ganze Friedhof wie ein Akkord der Vergänglichkeit. Ja, wenn du dich dann nicht belügst, dann ist der Friedhof der Hohn auf alles Bleibende und wie der Widerhall des Furchtbaren, alle Ironie in sich schließenden Bekenntnisses von Eitelkeit und Vergänglichkeit.

Aber dann steigt im Blickwechsel über diese verwitterten und kaum deutbaren Zeichen der Name Jesus empor. Dann hörst du statt der dich höhnenden Worte der Nichtigkeit: »Es ist alles eitel«, die einzige Wahrheit und ewige Wirklichkeit: »Jesus lebt, nun ist der Tod mir der Eingang in das Leben. Jesus lebt, mit ihm auch ich! *Tod wo sind nun deine Schrecken?*« – »Sein Name heißt Jesus. Alles in dieser Welt ist Lüge, außer Jesus.« Und wenn wir ihm die herrlichsten Namen geben würden: Genie ohne gleichen, Talent ohne Grenzen, Heros, allerhöchster Lobpreisung würdig, Märtyrer der Überzeugung – wenn wir alles, was wir an Huldigung, an Heeresfolge, an Anerkennung, an Lobpreis besitzen, auftürmen wollten, so würde das alles nicht an das eine Bekenntnis heranreichen: »Jesus ist unser Retter, Jesus ist unser Sieg.«

»Drum wird nur Jesus und Jesus allein
Grund unserer Freude und Anbetung sein.«

Bibelstellenverzeichnis

LITERATUR,
die für das Buch bedeutsam war

Bezzel, H., Der Gekreuzigte und Auferstandene. Einsegnungsunterricht, Verlag Paul Müller, München 1905

Kemner, H., Christus oder Chaos, Evangelisationsverlag, Berghausen

Moody, Dr. R., Leben nach dem Tod. Nachgedanken über das Leben nach dem Tod, Rowohlt Verlag, Reinbek 1978

Hemleben, J., Jenseits, Rowohlt Verlag, Reinbek 1980

Platon, Die Apologie des Sokrates, Hrsg. Bruno Snell, Fischer Verlag, Fankfurt

Swedenborg, Ausgewählte religiöse Schriften, Simons Verlag, Marburg

Steinbach, Dr. R., Wieso wir nach dem Tode leben und welchen Sinn das Leben hat, Verlag Stiftung Gralsbotschaft, Stuttgart

Rienecker, F., Das Schönste kommt noch, R. Brockhaus Verlag, Wuppertal 1983

Seur, P. le, Die Zukunft der Toten – nach dem Tode, Aussaat Verlag, Neukirchen-Vluyn

Malz, B., Ich sah ein Stück der Ewigkeit, Schulte Verlag, Wetzlar 1983

Geyer, K., Ewiges Gericht und Allversöhnung, Paulus Verlag, Heilbronn 1984

Bergmann, G., Und es gibt ein Jenseits, Schriftenmissionsverlag, Gladbeck

Bezzel, H., Die Offenbarung des Johannes, Zeitbücherverlag Koezle, Nürnberg

Christliche Mystik in einer indischen Seele, Verlag Fr. Andreas Perthes, Stuttgart

Kierkegaard, S., Gesammelte Werke von Hirsch, Eugen Diederichs Verlag, Köln 1964

Bekenntnisschriften der Ev. Kirchen, Vandenhoek & Ruprecht, Göttingen 1982

Maier-Gerber, H., In der Hoffnung auf das Jenseits, Kösel Verlag, München 1985

Bäumer, U., Wir wollen nur deine Seele, Schriftenmission der ev. Gesellschaft, Wuppertal 1985

Luther und Augustinus, Neuendettelsau-Verlag, Neuendettelsau

Luther, Theologie des Kreuzes und der Ehren in AELKZ Bezzel

Hallesby, O., Die Endzeit, R. Brockhaus Verlag, Wuppertal 1983